Mann · Selbstbestimmtes Rechtschreiblernen

Die Reihe »Werkstattbuch Grundschule«
wird herausgegeben von Dieter Haarmann

Christine Mann

Selbstbestimmtes Rechtschreiblernen

Rechtschreibunterricht als Strategievermittlung

4. Auflage

Beltz Verlag · Weinheim und Basel

Christine Mann, Jg. 1944, Dr. Dipl.-Psych., frei praktizierende Schulpsychologin.

Gesetzt nach den neuen Rechtschreibregeln

4., überarbeitete und neu ausgestattete Auflage 1997

Lektorat: Peter E. Kalb

Herstellung: Goldener Schnitt, Rainer Kusche, Sinzheim
Satz: Satz- und Reprotechnik GmbH, Hemsbach
Druck: Druckhaus »Thomas Müntzer«, Langensalza
Umschlaggestaltung: Federico Luci, Köln
Umschlagfoto: Manfred Vollmer, Essen
Fotos: Carsten Wieser
Printed in Germany

ISBN 3-407-62361-5

Inhaltsverzeichnis

Vorwort

Eine erschreckend große Anzahl von Kindern leidet unter dem Rechtschreibunterricht in unseren Schulen. Gelegentlich hört man von 20 Prozent angeblich rechtschreibschwacher Kinder, und immer wieder trifft man hoch begabte Kinder, deren mangelnde Rechtschreibfähigkeit ihnen jedes Interesse an der Schule verleidet und sie in Depressivität und Lethargie treibt. Zunächst wurde dieses Problem an die Ärzte herangetragen. Das führte dazu, dass in den Schulen Ausnahmeregelungen für die angeblich kranken Kinder geschaffen wurden und die Krankenkassen die Therapien für sie finanzierten.

Nachdem Sirch (1975) und Schlee (1976) diese Sichtweise heftig attackierten, wurden die Vergünstigungen für diese Kinder weitgehend abgeschafft und die Lehrer angewiesen, so zu unterrichten, dass alle Kinder in angemessener Weise das Lesen und Rechtschreiben erlernen. Zunächst konnten die Lehrkräfte eine solche Anweisung natürlich kaum befolgen, denn sie hatten ja auch schon vorher ihr Bestes gegeben, um den Kindern das Lesen und Schreiben zu vermitteln. Von daher ist eine Veränderung in der Didaktik des Rechtschreibunterrichts dringend notwendig.

Inzwischen haben die Forschungen der Linguistik zu einem vertieften Verständnis der Schriftsprache und unseres orthographischen Systems geführt. Andererseits bewirkte die pamphletische Schrift von Sirch doch, dass sich mehr Didaktiker als bisher der Fragen des Rechtschreibunterrichts annahmen. So scheint es inzwischen durchaus möglich, Vorschläge für eine Verbesserung der Rechtschreibdidaktik zu machen, die manchem Kind das Versagen ersparen können.

Die vorliegende Abhandlung entstand aus einem Forschungsprojekt, in dem in Zusammenarbeit mit 14 Lehrkräften des ersten und zweiten Schuljahres versucht wurde zu erreichen, dass kein Kind in ihren Klassen eine Lese-Rechtschreib-Schwäche entwickelt.

Lerntheoretische Grundlage für das Projekt war die Aneignungstheorie: Der Lernende eignet sich den Stoff aktiv an. Er verknüpft dabei viele einzelne Handlungen zu komplexen Handlungseinheiten, die durch Automatisierung und Verkürzung schließlich zu einer reibungslos ablaufenden neuen Handlung werden, die wiederum die Grundlage für neue, übergeordnete Handlungseinheiten bildet. Weitere Grundlage für die Arbeit waren die Forschungen von C.L. Naumann (1987) über das orthographische System unserer Schriftsprache und die Zusammenhänge zwischen Phonemen und Graphemen.

Besonderen Dank möchte ich hier Herrn Professor W. Eichler sagen. Das Forschungsprojekt fand unter seiner Anleitung statt. Er vermittelte mir die neuesten Informationen im Bereich der Erforschung der Schriftsprache, und wesentliche neue Gedankengänge wurden durch intensive Diskussionen mit ihm angeregt.

Aus diesen Diskussionen und der Zusammenarbeit mit den Lehrern entstand eine Konzeption des Rechtschreibunterrichts, nach der die Kinder schrittweise in aufeinander aufbauende Strategien eingeführt werden. Den Kindern wird dabei eine recht klare Orientierung über unser orthographisches System gegeben. Damit wird das, was im Rechtschreibunterricht von den Kindern verlangt wird, für sie durchschaubarer und weniger Angst machend. Die Hoffnung ist, dass dadurch das als unlogisch empfundene, Angst machende Fach seine Schrecken verliert und für die Lehrer und die Kinder leichter handhabbar wird.

1 Vorüberlegungen

1.1 Das Wesen unserer Buchstabenschrift und korrespondierende Schreibstrategien

Das Fundament unserer Buchstabenschrift ist das Lautschriftprinzip, das heißt, der kompetente Leser kann Wörter, die er noch nie geschrieben sah, aus der Buchstabenfolge in eine Lautfolge übersetzen und ihren Sinn erschließen. Umgekehrt wird ein kompetenter Schreiber, der z.B. das Kunstwort /fɛmtə/ zu Papier bringen soll, dieses Wort niemals mit dem Buchstaben g beginnen (Lauttabelle im Anhang).

Allerdings zeigt das Beispiel des Kunstwortes /fɛmtə/ auch gleich die Einschränkungen für das Lautschriftprinzip. Man kann zwar sicher sagen, dass dieses Wort weder mit g noch mit b oder s beginnt, aber es gibt immer noch drei oder, je nach Mundart, sogar vier mögliche Anfänge für dieses Wort, nämlich f, v, ph und eventuell pf. Ähnlich uneindeutig sind auch die Darstellungsmöglichkeiten der nächsten Laute, sodass z.B. folgende Schreibweisen für dieses Wort möglich wären: Femte, femmte, fämmte, Vämte, Phämte, pfämmte, femte …

Diese Variabilität kann ein ausgesprochener Reiz sein. Man kann sich direkt einen Sport daraus machen, die Wörter so verfremdet wie möglich zu schreiben: *Liber Anndreh! Bitte kaove hoite: ain Chiehloh Abvällsiehnän, eynä Phlasche Öhl, vümpf Schaibm gäckochtänn Chinnken …* Es soll sogar Zeiten gegeben haben, in denen sich die Mönche bemühten, ein Wort, das mehrmals im Text vorkam, jedes Mal anders zu schreiben, damit das Lesen interessanter wird. Heutzutage aber ist ein freier Umgang mit dieser Variabilität unserer Lautschrift verpönt. Gefordert wird, dass jedes Wort von allen Menschen in jeder Situation genau gleich geschrieben wird. Dieses Phänomen nennt man dann Rechtschreibung. Ihr ursprünglicher Sinn konnte einem beim Lesen des obigen Einkaufszettels sofort deutlich werden: Um Schreibungen wie „Abvällsiehnän" oder „Chinnken" zu entziffern, braucht man deutlich länger als bei der üblichen Schreibung, denn man muß die Buchstabenfolge erst in eine Lautfolge übersetzen, um den Sinn zu verstehen, und eventuell sogar, wie beim Ch, erst verschiedene Lautvarianten ausprobieren. Bei „Apfelsinen" hingegen weiß zumindest der kompetente Leser sofort, was gemeint ist, und kann diesen Inhalt dann ohne Mühe dem Sprachklang des Wortes zuordnen. Das heißt, die Rechtschreibung ist im Grunde eine Lesehilfe, die dem kompetenten Leser eine beträchtliche Steigerung seines Lesetempos ermöglicht – eine Maßnahme, die in unser Zeit, in der das Lesen so wichtig geworden ist, sehr sinnvoll ist.

Damit aber wird das Lautschriftprinzip durch ein anderes Prinzip überlagert, nämlich das der Morphemtreue. Sie dient dazu, dass der kompetente Leser der Buchstabenfolge sofort einen Sinn zuordnen kann, ohne erst die Lautstruktur des Wortes zu erschließen. In ähnlicher Weise ordnen die Chinesen ihren Schriftzeichen den Inhalt und erst im zweiten Schritt den dialektalen Sprachklang zu.

Die Morphemtreue erinnert also ein bisschen an das Prinzip einer Bilderschrift, wobei es aber nicht das Wort*bild,* die Wortgestalt ist, der der Sinn zugeordnet wird, sondern *die gewusste Buchstabenfolge,* in welcher bizarren, die Gestalt verändernden Form auch immer sie geschrieben wird.

Im Gegensatz zum Bilderschriftprinzip betrifft das morphemische Prinzip nicht unbedingt ganze Wörter. Sonst müsste ja die Variabilität der lautschriftlichen Darstellungsmöglichkeiten bei allen Pseudowörtern voll zum Tragen kommen. Das Pseudowort /bəkrampftə/ aber wurde von allen zwölf Studenten eines Seminars genau gleich geschrieben, und sie gaben alle übereinstimmend an, an den Wortstamm „krampf", die Vorsilbe „be-" und die Endung „-te" gedacht zu haben. Das Beispiel zeigt, dass unsere Sprache aus einzelnen Bausteinen, den Morphemen, als kleinsten sinntragenden Einheiten, aufgebaut ist. In unserem Beispiel sind es die Vorsilbe „be-" als Wortbildungsmorphem, der Wortstamm „krampf" und das Flexionsmorphem „-te".

Die Funktion der Morpheme wird an der folgenden Wortreihe besonders offensichtlich: Freund – Freundschaft – freundschaftlich – unfreundschaftlich – Unfreundschaftlichkeit – Unfreundschaftlichkeiten. Obwohl die letzten drei Wörter Wortmonster sind, die glücklicherweise in unserer Sprache nicht gebräuchlich sind, kann jeder sie sofort verstehen, und sogar die Rechtschreibung ist eindeutig festgelegt, da die Morpheme ihre eindeutige sinn- und wortformverändernde Funktion haben.

Die Morpheme werden in der Regel in allen Wortzusammensetzungen gleich geschrieben. Damit geben sie dem interessierten Schriftverwender einerseits aufschlussreiche Einblicke in den Zusammenhang zwischen verschiedenen Wörtern, andererseits sind solche Zusammenhänge eine effektive Gedächtnisstütze für bestimmte Schreibungen. Das Wort „Gefahr" wird, wie „fahren", mit ah geschrieben. Den geschichtskundigen Erwachsenen erinnert es daran, dass in früheren Zeiten das Reisen noch viel weniger sicher war als heute, sodass jeder, der aus seiner Heimatstadt in die Ferne fuhr, einige Gefahren zu bestehen hatte. Andererseits stellten, da Bücher und audiovisuelle Medien noch weitgehend unbekannt waren, solche Reisen die wichtigste Quelle von „Erfahrungen" dar. Ein Schüler, der bisher mit dem Wort „Gefahr" oder „gefährlich" Schwierigkeiten hatte, wird es nach solch einer anschaulichen Erzählung wohl kaum mehr falsch schreiben.

Beim Aufzeigen solcher Zusammenhänge kann die Rechtschreibung zu einem ausgesprochen amüsanten und bildungswirksamen Unterrichtsfach werden. Allerdings gerade das intelligente Nachdenken über reale Zusammenhänge, die sich in der Sprache widerspiegeln, kann auch wieder in die Irre führen. Denn natürlich müssten die „Eltern" mit Ä geschrieben werden, „brennen" hat viel mit dem Brand zu tun und brauchte deshalb dringend ein ä, und die „Beschäftigung" würde durch ein doppeltes f ihre Herkunft sehr viel offener zugeben. Wenn das *alles so* ist – *allso* – *also* doch besser keine Anleitung zum intelligenten Nachspüren von Wortverwandtschaften?

Damit sind wir bei der Frage nach den Denkvorgängen, die einem Schreiber das Richtigschreiben ermöglichen. Natürlich, der kompetente Schreiber weiß einfach, wie die Wörter geschrieben werden, und ruft diese Schreibungen bei Bedarf aus dem Gedächtnis ab. Sollte er einmal die Schreibweise eines Wortes nicht wissen, so schaut er eben im Wörterbuch nach. Ausschlaggebend aber ist die Frage, wie man denn ein solch kompetenter Schreiber wird, das heißt, welche Strategien es dem Lerner ermöglichen, immer mehr Wörter und Wortformen abrufbereit im Kopf zu speichern. Die etwa 300.000 Wörter und Wortformen der deutschen Sprache als Schreibungen im Sinne einer Bilderschrift zu lernen ist unmöglich. Das ist auch gar nicht nötig, denn die Beziehungen zwischen mündlicher und schriftlicher Sprache sind bei uns in viel höherem Maße geregelt als in einer Bilderschrift. Das Wissen um diese Regeln allerdings nützt vielen Kindern, die das Schreiben lernen, fast genauso wenig, wie einem Dreijährigen Grammatikregeln helfen würden, sprechen zu lernen. Gelernt werden müssen vielmehr überall, wo das möglich ist, die Gedankengänge, die nötig sind, um die Schreibweise eines Wortes aus der gesprochenen Sprache zu erschließen. Je mehr diese Gedankengänge automatisiert und internalisiert werden, desto weniger Kraft und Konzentration verbraucht das Kind für diese Form der Regelanwendung, desto mehr Kraft und Konzentration hat es übrig, um unregelmäßige Schreibungen zu speichern und bei Bedarf abzurufen.

Deshalb wird in diesem Buch vorgeschlagen:

- den Kindern im Rechtschreibunterricht die Gedankenschritte zu erschließen, mit deren Hilfe sie die meisten Schreibungen aus der mündlichen Sprache ableiten können,
- dabei schrittweise vorzugehen, sodass die Kinder zuerst eine Strategie der lautgetreuen Schreibung erlernen, die immerhin 50 % der Wortschreibungen abdeckt, und dann erst allmählich übergeordnete Strategien einüben, die auf eine Anwendung des morphematischen Prinzips in immer komplizierteren Wortstrukturen hinauslaufen,
- Lerntechniken für das Einprägen von Wörtern zwar bewusst anzuwenden, aber überall, wo die Schreibungen eine gewisse Regelmäßigkeit aufweisen, diese Regeln als das Gedächtnis stützende kognitive Raster zu benutzen, und schließlich
- für die Kinder klar zwischen lautgetreuen, regelgeleiteten und nicht ableitbaren Schreibungen zu unterscheiden.

Ziel dieser Unterrichtsbemühungen ist, dass die Schreiber schließlich die Schreibungen fast aller Wörter einfach wissen und ohne lange Überlegungen abrufen können (Bilder- bzw. Morphemschriftprinzip). Dieses Ziel schließt den unbewussten, automatisierten Regelgebrauch überall dort, wo es möglich ist, mit ein.

Das oben erwähnte Experiment mit dem Pseudowort /fɛmtə/ macht deutlich, dass auch beim erwachsenen Schreiber ein großes Maß an intuitivem Regelgebrauch in den Schreibprozess einfließt, der dem Schreiber nicht bewusst ist. Einige Studenten eines Seminars über Rechtschreibunterricht schrieben das Wort groß und mit nur einem m und gaben an, an ein Substantiv gedacht zu haben. Fast alle übrigen Studenten schrieben das Wort klein und mit mm und gaben an, an ein Verb gedacht zu haben. Alle diese Studenten hatten intuitiv Regeln zur Konsonantenverdoppelung richtig angewandt, aber keiner von ihnen konnte diese Regel nennen. Nur eine Studentin hatte das Wort klein und mit einem m geschrieben. Sie konnte auf Nachfrage nicht sagen, woran sie gedacht hatte, und erklärte dann, dass sie immer besondere Schwierigkeiten im Rechtschreiben hätte.

Die regelhafte Begründung lautet: Nach einem kurzen Vokal in einer betonten Silbe folgen in der Regel mindestens zwei Konsonanten. Bei einem Substantiv wäre /fɛmtə/ die Grundform. Man hört schon zwei Konsonanten, es braucht also kein Konsonant verdoppelt zu werden (analog zu Kante). Die Verbform /fɛmtə/ hingegen käme von der Grundform /fɛmən/. Das m muss verdoppelt werden, um die Vokalkürze anzuzeigen. Diese Verdoppelung bleibt in der flektierten Form erhalten (analog zu kannte). Solche Regeln müssen zwar die Lehrkräfte wissen, aber die Kinder sollten unbedingt von solch kopflastigem Regelwissen verschont bleiben! Sie können die Anwendung auch intuitiv erlernen.

1.2 Konsequenzen für eine Systematik der Rechtschreibung

Die Struktur der deutschen Orthographie, in der unterschiedliche Prinzipien (Lautschriftprinzip, Morphemprinzip, grammatisches Prinzip, historisches Prinzip) die Schreibweise der Wörter beeinflussen, führt dazu, dass man die Schreibung der Wörter in drei Gruppen einteilen kann: lautgetreue Schreibungen, ableitbare, nicht lautgetreue Schreibungen und nicht ableitbare, nicht lautgetreue Schreibungen. Für die Kinder ist eine andere, weniger korrekte, aber viel eingängigere Bezeichnung sinnvoll: Mitsprechwörter, Nachdenkwörter, Lernwörter.

1.2.1 Mitsprechwörter

Als Mitsprechwörter oder lautgetreue Schreibungen werden die Wörter definiert, bei denen jeder isolierbare Sprechlaut durch die häufigste graphemische Alternative wiedergegeben wird.

Die Definition der lautgetreuen Schreibung beruht auf den Untersuchungen von C.L. Naumann (1987). Bekanntlich gibt es ja für jeden Sprechlaut verschiedene Möglichkeiten der graphemischen Darstellung. Naumann prüfte nun, wie häufig jeder Sprechlaut im laufenden Text durch die verschiedenen graphemischen Alternativen dargestellt wird, und stellte Häufigkeitslisten auf. Bei den meisten Sprechlauten gibt es eine graphemische Alternative, die weitaus am häufigsten gebraucht wird. Deshalb ist es sinnvoll, diese als lautgetreue Schreibung zu definieren. (Vgl. die Tabelle „Definition lautgetreuer Schreibung und kognitive Zusätze“ im Anhang.) Außerdem gilt die Kleinschreibung als das Übliche, während die Großschreibung einer Begründung durch eine Regel bedarf. Abweichend von dieser Definition gilt für den i-Laut die Verschriftlichung durch ein einfaches i zunächst als lautgetreu, unabhängig davon, ob das i lang oder kurz gesprochen wird, weil die Kinder zunächst zwischen langem und kurzem i nicht unterscheiden können. Erst wenn die Kinder diese Unterscheidung sicher bewältigen, tritt für das /i:/ die Schreibung ie als lautgetreu ein.

Die lautgetreue Schreibung fungiert sozusagen als selbstverständliche Grundlage der Rechtschreibung. Sie wird den Kindern im ersten Schuljahr vermittelt, wenn sie die Lautwerte der Buchstaben erlernen. Sie sollte auch dadurch gestützt werden, dass zunächst alle Stellen, in denen von der lautgetreuen Schreibung abgewichen wird, als Abweichungen hervorgehoben werden.

Ihr entspricht die Grundstrategie der Kinder, Wörter auf die sie konstituierende Lautfolge hin abzuhören und diese in eine Buchstabenfolge zu übersetzen.

Lautsprachliche Grundlage für die Verschriftlichung darf allerdings nicht die Umgangssprache sein, da diese oft verkürzt, verschliffen und dialektal oder ideolektal verfärbt ist. Die Kinder lernen vielmehr als Grundlage für die Verschriftlichung eine besondere, so weit wie möglich der Schriftsprache angeglichene Aussprache der Wörter, die bei Breuninger/Betz (1982, S. 53) als Pilotsprache bezeichnet wird.

Für diese Pilotsprache gelten einige besondere Regeln:

Wörter sind rhythmisch in kleinere Einheiten aufgliederbar, die Sprecheinheiten oder Silben. In der Pilotsprache wird zwischen den Sprecheinheiten eine deutliche Pause gemacht. Dadurch können Kürzezeichen (doppelter Mitlaut und tz) hörbar werden, wenn sie zwischen zwei Vokalen stehen. Auch das ck ist ein solches Kürzezeichen. Es ist aus Doppel-k entstanden und wird in der Pilotsprache durch ein doppeltes Sprechen des k deutlich gemacht, wenn es zwischen zwei Vokalen steht. Die durch die Rechtschreibreform eingeführte Regel, dass ck nicht getrennt werden darf, wird in der Pilotsprache nicht beachtet, sondern später als Besonderheit für die schriftliche Silbentrennung eingeführt. Genauso musste man früher den Kindern erklären, dass sie in der Pilotsprache die Wörter durchaus in a·ber, U·fer oder Kis·te aufteilen, während sie beim Schreiben nicht so trennen durften. Diese Trennungsregeln sind inzwischen erfreulicherweise weggefallen, aber sie haben den Kindern auch früher keine besonderen Schwierigkeiten gemacht.

1.2.2 Lernwörter

Lernwörter oder nicht ableitbare Schreibungen sind die Wörter mit Abweichungen von der lautgetreuen Schreibung, die man nicht für Kinder einsichtig durch eine Regel oder eine Ableitung von anderen Wörtern begründen kann. Dazu gehört z.B. das ah in „fahren“, das V in „Volk“ oder in der Vorsilbe „ver“.

Diese Schreibbesonderheiten betreffen eigentlich einzelne Morpheme, sind aber für die Kinder viel eingängiger zu lernen, wenn sie in einem Wort erfahren werden, in dem das Morphem so rein wie möglich auftritt. Bei „Bahn“ wird das Morphem in Reinform gelernt, weil es so schon einen klaren Inhalt hat. Das Morphem „fahr“ hingegen gibt für die Kinder keinen Sinn, sie müssen sich merken: „‚fahren‘ mit ah“, auch wenn eigentlich das Morphem „fahr“ gemeint ist.

Die Lernwörter werden ebenso wenig wie alle anderen Wörter als Wortbilder gelernt. Auch hier gilt die Mitsprechstrategie als Grundstrategie. Darüber hinaus aber haben sich die Kinder bei diesem Wort eine Rechtschreibbesonderheit zu merken. Diese Rechtschreibbesonderheit muss mit dem Wortklang und dem Wortinhalt abgespeichert werden. Im Moment des Wortschreibens und Mitsprechens kann sie abgerufen werden und modifizierend auf die Schreibung einwirken.

Will ein Kind also „fahren" schreiben, so spricht es zunächst los und schreibt mit. Beim Schreiben des „a" fällt ihm (hoffentlich!) ein: „Ach ja, ‚fahren' mit ah!" Es hängt das h an das a, spricht dann die zweite Silbe und schreibt sielautgetreu mit. Damit sich dem Kind die Rechtschreibbesonderheit einprägt und es im richtigen Moment daran denkt, wird sie sowohl visuell und schreibmotorisch als auch auditiv-kognitiv eingeprägt. Letzteres geschieht, indem die Kinder zu diesem Wort einen Merksatz lernen, den ich im Folgenden als kognitiven Zusatz bezeichnen möchte: „‚Fahren' mit ah!"

1.2.3 Nachdenkwörter

Nachdenkwörter oder ableitbare Schreibungen sind nicht mehr lautgetreue Schreibungen, das heißt, es werden ein oder mehrere Sprechlaute durch seltenere graphemische Alternativen dargestellt, der Laut /f/ z.B. durch ff, v oder ph, der Laut /a:/ z.B. durch ah oder aa. Aber diese Schreibweise ist durch Ableitung dieses Wortes von einem lautgetreuen Wort, von einem Lernwort oder einer klaren Regel zu begründen. Hier wird also das Lautschriftprinzip durch übergeordnete Regeln oder das morphematische Prinzip verändert, was in der Schreibweise berücksichtigt werden muss.

Die Nachdenkwörter, bei denen sich die lautabweichende Schreibung durch eine Regel oder durch Rekurs auf ein Lernwort begründen lässt, werden mit einem zweiteiligen kognitiven Zusatz versehen. Der erste Teil enthält die Begründung, also den Regelanteil, der zweite Teil benennt als Schlussfolgerung die Rechtschreibbesonderheit.

Beispiele:

- „‚Versuchen', Vorsilbe ‚ver' (= Regelteil), also mit v!" (= Rechtschreibbesonderheit);
- „‚Er rollt' kommt von ‚rol-len' (= Regelteil), also mit Doppel-l!" (= Rechtschreibbesonderheit)
- „‚Gefahr' kommt von ‚fahren' (= Regelteil), also mit ah." (= Rechtschreibbesonderheit).

Keiner dieser beiden Teile des kognitiven Zusatzes darf fehlen. Der Regelteil hilft, diese Schreibweise in ein größeres kognitives Gefüge einzuordnen und ist daher eine sehr wichtige Gedächtnisstütze. Darüber hinaus bereitet er den Transfer auf unbekannte Wörter vor. Der zweite Teil enthält die aus der Regel zu ziehende Konsequenz, die Regelanwendung. Lässt man ihn fort, so verfehlt der kognitive Zusatz häufig seine Wirkung, die Kinder schreiben das Wort falsch, obwohl sie die Ableitung oder die Regel richtig nennen können. Der Gedanke wird sozusagen nicht zu Ende gedacht. Dieses Zuendedenken muss mit dem zweiten Teil des kognitiven Zusatzes geübt werden.

1.2.4 Alle Wörter müssen gelernt werden

Die Bezeichnung Lernwort ist zwar für die Kinder eingängig und sollte deshalb im Unterricht ruhig verwendet werden. Für den Didaktiker aber ist sie irreführend, weil sie suggeriert, dass die anderen Wörterkategorien nicht gelernt werden müssten. Das aber ist ein Irrtum. Auch die Mitsprechwörter müssen gelernt werden. Denn die Umgangssprache der Kinder unterscheidet sich zunächst zum Teil sehr stark von dem der Schriftsprache zugrunde liegendenLautsystem. Die Kinder müssen also bei so genannten lautgetreuen Wörtern zunächst lernen, wie sie die Wörter auszusprechen haben, um sie richtig schreiben zu können. Und bei den Nachdenkwörtern muss die Art des Nachdenkens zunächst von Grund auf gelernt werden. Einige Nachdenkstrategien sind soweit generalisierbar, dass sie auch auf neue Wortformen übertragbar sind. Die Regel aus a wird ä ist z.B. bei Pluralformen schließlich auch selbstständig anwendbar. Das Wort „Mächte“ muss von den meisten Menschen nicht extra gelernt werden, denn wenn sie so weit sind, dass sie dieses Wort schreiben wollen, haben sie die Strategie, die Einzahlform mitzudenken und danach ihre Schreibung zu richten, so weit internalisiert, dass sie das Wort selbstverständlich richtig schreiben. Bei dem Wort „spärlich“ aber beispielsweise werden die meisten Schreiber erst einmal lernen, dass es von „sparen“ kommt. Das Nachdenken funktioniert hier zwar als Lernhilfe, aber dieser Nachdenkvorgang muss zunächst gelernt werden. Wenn im folgenden Text also von Lernwörtern gesprochen wird, so deshalb, weil es sprachlich einfacher und prägnanter ist als der korrekte Ausdruck „Wörter mit nicht ableitbaren Schreibungen“. Es sei aber ausdrücklich betont, dass auch die anderen Arten von Wörtern größtenteils erst gelernt werden müssen.

1.2.5 Der Stellenwert der Rechtschreibregeln

Das Anwenden von Regeln in der Rechtschreibung hat die Funktion, das Gedächtnis ganz wesentlich zu entlasten. Gegen diese Aussage wird häufig der Einwand ins Feld geführt, die deutsche Rechtschreibung sei doch in hohem Maße ungeregelt, habe sehr viele Ausnahmen, sodass die Schreiber, welche die Schreibweise unbekannter Wörter aus Regeln abzuleiten versuchten, sehr häufig zu falschen Ergebnissen kämen. Daher sei es wichtiger, dass Wörter bzw. Morpheme als Wortbilder auswendig gelernt und unbekannte Wörter im Wörterbuch nachgeschlagen würden.

Die Beobachtung, dass unbekannte Wörter häufig falsch geschrieben werden, wenn man versucht, die Schreibweise aus Regeln abzuleiten, ist richtig. Tatsächlich gibt es in der Rechtschreibung auch nicht sehr viele Regeln, zu denen sich keine Ausnahmen finden lassen. Deshalb jedoch zu behaupten, Rechtschreibregeln spielten keine Rolle beim Lernen der Rechtschreibung, hieße, die Funktion der Regeln völlig zu verkennen.

Selbst das Nachschlagen von Wörtern ist ohne ein gehöriges Maß an Regelanwendungen nicht möglich. Noch viel wichtiger aber ist die Funktion der Regeln als Gedächtnisentlastung und Gedächtnisstütze.

Die meisten der in der Rechtschreibung geltenden Regeln allerdings werden vom kompetenten Schreiber unbewusst angewandt. Nicht das Regel*wissen* ist entscheidend für die Rechtschreibfähigkeit, sondern die Strategie der Regel*anwendung*. Das Regel*wissen* ist nur für den Lehrer/die Lehrerin wichtig als Grundlage seines/ihres unterrichtlichen Handelns. Es bildet die Grundlage für eine korrekte Formulierung von kognititiven Zusätzen, in denen die Strategien der Regelanwendung gelernt werden.

Dieses Regel*wissen* für LehrerInnen ist insbesondere auch deshalb wichtig, weil Kinder immer wieder falsche Vorstellungen von Rechtschreibregeln entwickeln. Hier muss der Lehrer/die Lehrerin aufgrund seines/ihres Regelwissensklärend eingreifen. Ein häufiger Irrtum von Kindern ist z.B. die Annahme, dass nach kurzem Vokal ein Doppelkonsonant folgt. Solche Kinder schreiben dann z.B. „Docktor“ oder „unngenau“. Diese Fehler werden sich zwar meistens auch allmählich durch Versuch und Irrtum geben. Der Lehrer/die Lehrerin kann diesen Prozess aber sehr beschleunigen, wenn er/sie solch ein Kind darauf hinweist, dass man einen doppelten Mitlaut immer hörbar machen kann, eventuell auf dem Umweg über die Ableitung. Da es aber bei „Doktor“ oder „ungenau“ keine Ableitungsform gibt, in der ein doppelter Mitlaut hörbar wird, darf hier auch keiner geschrieben werden.

2 Der Aufbau der Fähigkeit, lautgetreu zu schreiben

Die grundlegende Schreibstrategie, die dem Wesen unserer Buchstabenschrift entspricht, ist die Fähigkeit, Wörter auf die sie konstituierende Lautfolge hin abzuhören und diese in eine Buchstabenfolge zu übersetzen. Diese Fähigkeit muss von den ersten Wochen des ersten Schuljahres an trainiert werden. Von daher ist es falsch zu glauben, der Rechtschreibunterricht beginne erst mit dem zweiten Schuljahr. Faktisch beginnt er mit den ersten Abhörübungen des ersten Schuljahres. Die sicherste Weiterführung dieser Abhörübungen, das heißt die Methode, bei der die Kinder völlig auf die Abhörstrategie angewiesen sind und sie daher am ehesten erlernen, ist, die Kinder Silben und Wörter in Buchstaben darstellen zu lassen, die ihnen nicht schriftlich vorgegeben wurden.

Allerdings führt dieses Training allein nicht bei allen Kindern automatisch zu der gewünschten Fähigkeit, lautgetreu zu schreiben. Bei einigen Kindern bleibt das Abhören lange Zeit rudimentär und fehlerhaft, bei anderen führt ein zu langes Verweilen bei der reinen Abhörstrategie zu Verwirrung und Verunsicherung über den wirklichen Zusammenhang zwischen Lautsprache und Schriftsprache. Zwei Komponenten müssen hinzukommen, um eine sichere Grundlage für die Rechtschreibung aufzubauen:

1. Sobald die Kinder die Fähigkeit zur Lautanalyse ausreichend trainiert haben, das heißt, sobald sie Wörter ohne große Mühe abhören und in einer Buchstabenfolge darstellen können, aus der man das Wort lautlich rekonstruieren kann, müssen sie lernen, dass sie nicht ihre Umgangssprache verschriftlichen müssen, sondern dass sie zuvor die Wörter so aussprechen müssen, wie sie geschrieben werden. Das bedeutet, dass nach einigen Monaten ein Wechsel im unterrichtlichen Vorgehen stattfinden muss. Nun müssen die Wörter und Sätze, die in Buchstaben gelegt oder geschrieben werden sollen, schriftlich vorgegeben werden, damit zunächst an ihnen die genaue Aussprache erarbeitet werden kann. Und die Tatsache, dass diese Aussprache von der Umgangssprache abweicht, kann man den Kindern ganz deutlich machen, indem man z. B. fragt: „Wie muss man das Wort /ha:bm/ sprechen, um es richtig zu schreiben?" – „/ha:-bεn/." Man kann auch durchaus den von Breuninger/Betz (1982, S. 53) vorgeschlagenen Ausdruck „Pilotsprache" einführen. Diese Sprache steuert den Schreibprozess so wie der Pilot sein Flugzeug.
   Durch die Tatsache, dass die Kinder lange genug die Lautanalyse geübt haben, sind sie nun nicht mehr in Gefahr, sich die Wörter als Buchstabenfolge zu merken und diese ohne Anwendung der Grundstrategie zu Papier zu bringen. Sondern sie lernen nun an der Buchstabenfolge das der Schriftsprache zugrunde liegende Lautsystem, um dieses dann in eine

Buchstabenfolge zu übersetzen. Insofern ist der Rechtschreibunterricht durchaus auch sprachbildender Unterricht.
Für manche Kinder, die mit der Lautanalyse noch Schwierigkeiten haben, ist das schriftlich vorgegebene Wort auch die Vergegenständlichung, an der sie Nuancen unterschiedlicher Aussprache, etwa bei „Schein“ und „Schwein“ erarbeiten und dessen besser gewahr werden können. Für viele andere Kinder ist der genaue Vergleich der Buchstabenfolge mit der eigenen Artikulation dringend nötig, um zu erkennen, welche der Lautnuancen eines Wortes noch geschrieben werden und welche nicht. Denn wir Erwachsenen hören manche Gleitlaute, die bei der Aussprache entstehen, nicht mehr. Streicht man den Kindern das Niederschreiben der entsprechenden Buchstaben einfach nur als Fehler an, so kann man sie stark verwirren und die Entwicklung der Rechtschreibfähigkeit gefährden.

2. Neben dem Erlernen der Pilotsprache ist es aber auch nötig, dass die Kinder eine klare Orientierung in den mehrdeutigen Phonem-Graphem-Korrespondenzen bekommen.
   Wenn die Kinder anhand der schriftlich vorgegebenen Wörter die Aussprache von „schwer“, „sehr“ und „Teer“ mit der Buchstabenfolge vergleichen und keinerlei orientierende Hinweise bekommen, so müssen sie verunsichert werden, da das lange e auf drei verschiedene Arten dargestellt wird und sie nicht wissen können, wann sie welche Verschriftlichung wählen sollen. Noch schlimmer wird es, wenn sie gar noch „erklärt“ bekommen, das h mache das e lang. Dann werden sie glauben, das e in „schwer“ sei nicht lang und sie könnten das nur nicht eindeutig erkennen. Deshalb ist es sehr wichtig, dass der Lehrer/die Lehrerin dafür sorgt, dass die Kinder bei ihrer Verschriftlichung der Wörter intuitiv die häufigste graphemische Alternative wählen.
   Das geschieht dadurch, dass beim Vergleich von Artikulation und Buchstabenfolge oder beim Erlernen von Schreibungen jeder Buchstabe, der der lautgetreuen Schreibung entspricht, als selbstverständlich gilt und neben der sorgfältigen Aussprache keiner besonderen Erwähnung bedarf. In all den Fällen aber, in denen ein Laut durch eine seltenere graphemische Alternative dargestellt wird, müssen die Kinder darauf hingewiesen werden, dass man das nicht hören könne, dass man sich das extra merken müsse. Das Wort „schwer“ etwa könnte einfach sorgfältig gelesen werden, indem man zu jedem Laut, den man gerade ausspricht, den entsprechenden Buchstaben zeigt. Bei den Wörtern „sehr“ und „Teer“ aber müsste zusätzlich erwähnt werden, dass sie etwas Besonderes haben, was man nicht hören kann, dass nämlich das lange e nicht wie üblich, einfach als e geschrieben wird, sondern als eh bzw. ee. Ebenso müssen sich die Kinder die Großschreibung extra merken.
   Auf diese Weise wird auch durch jedes nicht lautgetreue Wort das Erlernen der lautgetreuen Schreibung gestützt.
   Wenn die Kinder die lautgetreue Schreibung beherrschen, können sie etwa die Hälfte aller Wörter ohne größeren Gedächtnisaufwand niederschreiben. Das heißt, bei etwa 150000 Wörtern und Wortformen brauchen sie nichts weiter zu tun, als das Wort deutlich auszusprechen und in die lautgetreue Buchstabenfolge zu übersetzen.

Das Zeichen dafür, dass die Kinder die lautgetreue Schreibung ausreichend geübt und automatisiert haben, ist, dass sie zum rhythmisch-dynamischen Sprechschreiben fähig sind.
Rhythmisch-dynamisches Sprechschreiben heißt, dass die Kinder die Wörter, die sie schreiben wollen, ganz langsam und klar gegliedert aussprechen und gleichzeitig mitschreiben (vgl. Buschmann 1986). Die Aussprache reicht, um die Laut-Buchstaben-Verbindung zu aktivieren. All die einzelnen Handlungen

- das Aussprechen des Wortes in Pilotsprache,
- das Identifizieren des Einzellautes,
- das Suchen des entsprechenden Buchstaben und
- das Steuern der Schreibhand zur Reproduktion des Buchstaben

sind quasi zu einer einzigen übergeordneten Handlungseinheit verschmolzen. Erst wenn das geschehen ist und diese übergeordnete Handlungseinheit so weit automatisiert ist, dass sie mit einer gewissen Leichtigkeit vollzogen wird, wird genug Aufmerksamkeitskapazität frei, um auch übergeordnete Rechtschreibstrategien anzuwenden. Jeder Versuch, den Kindern über Regeln eine bessere Rechtschreibung beizubringen, bevor noch die lautgetreue Schreibung gefestigt ist, ist sinnlos. Die Kinder sind noch gar nicht frei für übergeordnete Regelanwendungen. Und wenn sie sie doch probieren, wird so viel Aufmerksamkeit von der Grundstrategie abgezogen, dass sich die so genannten Flüchtigkeitsfehler häufen und die Umwelt glaubt, das Kind hätte Konzentrationsstörungen. Es kann für viele Kinder also viel sinnvoller sein, mit ihnen auch im dritten und vierten Schuljahr lautgetreue Texte zu üben und auf das Erlernen des rhythmisch-dynamischen Sprechschreibens hinzuarbeiten, als sie schon ab dem zweiten Schuljahr mit übergeordneten Rechtschreibstrategien zu traktieren. Manche Kinder brauchen einfach länger, bis sie die grundlegende Schreibstrategie gelernt haben. Und eine Verfrühung darauf aufbauender Rechtschreibstrategien birgt die Gefahr, dass solche Kinder dann gar keine Fortschritte mehr machen und zu rechtschreibschwachen Kindern werden.
Das Arbeiten an der lautgetreuen Schreibung bedeutet aber nicht, dass die Kinder ständig primitive Sätzchen schreiben müssen. Nach einiger Übung können durchaus interessante Texte gelingen, die zwar sprachlich manchmal etwas holprig, aber bis auf ganz wenige Lernwörter völlig lautgetreu sind. Ein Beispiel:

> Manchmal finden wir unter einer Fichte im Wald einen hohen Haufen, der zum Rasten einzuladen scheint. Aber auf diesen Haufen dürfen wir uns nicht setzen. Dort wimmelt es von Ameisen. Sie haben diesen Haufen in gemeinsamer Arbeit kunstgerecht aufgebaut. Wer genauer hinschaut, bemerkt auch Ameisenwege, auf denen Arbeiterinnen Tannennadeln herbeischleppen, um den Haufen noch weiter aufzubauen. Solch einen Haufen dürfen wir nicht zerstören, weil die Ameisen für die Pflege des Waldes besonderen Nutzen bringen. (75 Wörter)

Wenn die Kinder die lautgetreue Schreibung schließlich beherrschen, so heißt das aber noch nicht, dass sie jedes lautgetreue Wort automatisch richtig schreiben. Der Prozess, dass für immer wieder neue Wörter erst einmal die Pilotsprache anhand der Buchstabenfolge erlernt werden muss, ist in der Regel auch bis zum Ende der Schulzeit noch nicht abgeschlossen. Dafür spielt ein geglückter Leselernprozess eine entscheidende Rolle. Kinder, die gelernt haben, sich Wörter synthetisch zu erlesen und nicht zu ruhen, bevor sie ihnen den Sinn und damit implizit den umgangssprachlichen Klang zugeordnet haben, erwerben beim Lesen das der Schriftsprache zugrunde liegende Lautsystem, also die Pilotsprache. Wenn sie zusätzlich noch zum Lesen motiviert sind und viel lesen, macht ihnen die Rechtschreibung kaum Schwierigkeiten. Wenn Kinder sich beim Lesen aber die Wörter aus dem Kontext erschließen, ohne sie genau zu synthetisieren, sie weitgehend ganzheitlich speichern und nur an wesentlichen Merkmalen wieder erkennen, so nützt ihnen auch vieles Lesen nichts. Sie müssen sich die Pilotsprache vieler Wörter für das Rechtschreiben extra erarbeiten. Daher sind gerade besonders intelligente Kinder eher in Gefahr, eine Rechtschreibschwäche zu entwickeln, obwohl sie gut lesen können, weil sie so gut fähig sind, sich den Sinn der Wörter aus dem Kontext zu erschließen, ohne die Wörter mühsam synthetisch zu erlesen.

3 Die Verbindung von Wortschatz- und Regellernen

Wie schon mehrfach betont, ist die Fähigkeit zum lautgetreuen Schreiben nur die Grundlage für die Rechtschreibfähigkeit. Ein wesentlicher Teil des Rechtschreiblernens besteht im Erlernen abweichender, nicht lautgetreuer Schreibungen. Denn immerhin werden etwa 50 % aller Wörter nicht lautgetreu geschrieben (wenn man die Großschreibung als nicht hörbar mit einbezieht). Früher wurde häufig versucht, die Kinder über die Vermittlung von Rechtschreibregeln an die richtige Schreibung der Wörter heranzuführen. Heute wird weitgehend empfohlen, die Kinder einen Grundwortschatz erlernen zu lassen, über den sie sich implizit ein wirksames Regelwissen erarbeiten. Beide Vorgehensweisen haben ihre Haken.

Die Vermittlung von Regelwissen befähigt die Kinder noch nicht automatisch zur richtigen Regelanwendung. Manche Kinder können die Regeln gut aufsagen, wenden sie aber im entscheidenden Moment nicht an. Andere Kinder versuchen nun eifrig, die Regeln anzuwenden, erwischen aber immer wieder gerade die Fälle, in denen die Regel nicht gilt, und verlieren so allmählich das Vertrauen in die Regelanwendung.

Hinzu kommt, dass viele Regeln doch sehr kompliziert sind, eine große Zahl von Ausnahmen haben und daher für die Kinder schwer zu lernen sind. Außerdem schreiben kompetente Schreiber durchaus nicht hauptsächlich über die Anwendung komplizierter Regeln, sondern haben die Schreibweise der Wörter einfach gespeichert. Daher erscheint das Erarbeiten von Rechtschreibregeln nicht unbedingt eine effektive Methode zum Erlernen der Rechtschreibung zu sein.

Die Gegenauffassung aber, dass die Kinder einfach einen Grundwortschatz erlernen sollten, ohne sich mit Regelwissen abzuplagen, kann auch nicht überzeugen. Man kann immer wieder beobachten, dass Kinder sich ihre eigenen Regeln aus den gelernten Wörtern bilden, was zeigt, dass sie nach Regeln geradezu verlangen, weil diese eine ganz entscheidende Lernhilfe sind. Dabei führen solche eigenen Regelbildungen aber häufig zu falschen Regeln, die dann viele Fehler verursachen. Wenn die Kinder mit der Schriftsprache genauso lange und intensiv Zeit hätten, ungestört ihre Erfahrungen zu bilden wie mit der gesprochenen Sprache, würden die meisten von ihnen damit sicher gut zurechtkommen. Da die Möglichkeiten zur schriftsprachlichen Erfahrungsbildung aber so viel geringer sind als bei der mündlichen Sprache und die Benotung schon sehr früh die Erfahrung stört, reicht diese Methode nicht aus.

Von daher erscheint es sinnvoll, die Vorteile beider Methoden miteinander zu verbinden.

3.1 Explizit-implizites Regellernen am Grundwortschatz

Derzeit hat sich weitgehend die Auffassung durchgesetzt, dass es, zumindest in der Grundschule, sinnvoll sei, die Kinder die am häufigsten auftretenden Wörter und Wortformen als eine Art Grundwortschatz lernen zu lassen. Eine solche Didaktik ist fatal, wenn die Kinder die Wörter quasi als Wortbilder erlernen sollen, weil dadurch die Grundstrategie der lautgetreuen Schreibung zerstört wird. Man kann diesen Grundwortschatz aber auch nutzen, um die Kinder alle Rechtschreibstrategien, die sie später zum Schreiben ungeübter Schreibungen brauchen, schon implizit erlernen zu lassen.

Man übt mit den Kindern den Grundwortschatz, nutzt dabei aber die Rechtschreibregeln als Lernhilfe. Bei jedem Wort des Grundwortschatzes, das nicht lautgetreu geschrieben wird, sondern dessen Schreibweise einer übergeordneten Rechtschreibregel folgt, wird beim Lernen die Anwendung dieser Rechtschreibregel mit geübt. Es werden keine ausformulierten Regeln gelernt, sondern die Kinder üben an den Wörtern des Grundwortschatzes genau die Gedankenschritte ein, die auch später bei unbekannten Wörtern zum Erschließen der richtigen Schreibung durch Regelanwendung führen können. Um z.B. das Wort „Hund“ richtig zu schreiben, reicht es für viele Kinder nicht aus, wenn sie irgendwann einmal lernen: „Verlängere das Wort, und du weißt es sofort.“ Sondern zu dem Wort „Hund“ erarbeiten und speichern sie den kognitiven Zusatz: „Gehört zu ‚Hunde‘, also hinten mit d.“ Beim Erlernen des Grundwortschatzes bilden diese Gedankenschritte eine kognitive Strukturierung, die das Einprägen der richtigen Schreibung erleichtert. Gleichzeitig bereiten sie die spätere, selbstständige Regelanwendung vor.

In einem kleinen Experiment wurden zwölf Studentinnen und Studenten gebeten, sich Kunstwörter wie z.B. „Kaarsteppsel“ oder „Scheuwiehrl“ so einzuprägen, dass sie sie dann in einem Diktat richtig schreiben können. Dabei sollten sie an sich selbst beobachten, wie sie sich die Wörter einprägen. Alle Studentinnen und Studenten begannen damit, dass sie sich die Wörter sorgfältig durchlasen und quasi in Pilotsprache aussprachen. Dann richteten sie ihre Aufmerksamkeit auf die nicht lautgetreuen Stellen in den Wörtern. Fast alle Studentinnen formulierten nun innerlich Aussagen zu diesen Stellen, die ihnen halfen, sich diese Besonderheiten zu merken. Zum Teil verbanden sie die Besonderheit mit Bekanntem, z.B. „‚Kaar‘ mit Doppel-a wie ‚Haar‘“. Zum Teil setzten sie sie gegen Bekanntes ab, z.B.: „‚Steppsel‘ anders als ‚Stöpsel‘, mit zwei p.“ Nur eine Studentin meinte, dass sie sich die Besonderheiten nur visuell eingeprägt habe, indem sie diesen Wortteil besonders intensiv fixiert habe.

Dieses Experiment zeigt, dass auch Wörter mit Rechtschreibbesonderheiten nicht als ganze Wortbilder oder gewusste Buchstabenfolgen gespeichert werden müssen, sondern nur die nicht lautgetreuen Stellen in diesen Wörtern. Um diese nicht lautgetreuen Stellen zu behalten, wird ein Merksatz formuliert, den ich als kognitiven Zusatz bezeichne. Dieser Merksatz wird zusammen mit dem Wortklang und Wortsinn gespeichert und beim Schreiben des Wortes zur Korrektur der lautgetreuen Schreibung abgerufen. Und selbst bei diesen Pseudowörtern, bei denen keine Regelanwendung möglich war, wurde die Anknüpfung an Bekanntes als Merkhilfe eingesetzt.

Diese Technik des Lernens von Rechtschreibbesonderheiten ist eine sinnvolle Ergänzung der bisher erlernten Strategie der lautgetreuen Schreibung. Jede nicht lautgetreue Stelle in einem Wort wird gekennzeichnet und mit einem kognitiven Zusatz versehen, der das Speichern dieser Besonderheit erleichtert.

In dem Experiment wurde aber auch deutlich, dass das Anbinden an Bekanntes im kognitiven Zusatz das Behalten sehr erleichtert. In dieser Funktion bekommt das Regelwissen im kognitiven Zusatz seinen Platz. Durch immer gleiche Regelformulierungen wird die Regel schließlich das Bekannte, an das die lautabweichende Schreibung angebunden und durch das sie leichter behalten wird.

Bei diesem Experiment griffen fast alle Studentinnen gegen Ende der festgelegten Lernzeit zu ihrem Schreibzeug und probierten, ob sie die Wörter schon richtig schreiben konnten. Damit probierten sie aus, ob die von ihnen formulierten kognitiven Zusätze ausreichten, ob alle übrigen Buchstaben ihrem impliziten Regelsystem entsprachen. Denn diese Studentinnen hatten ein großes Repertoire an impliziter Regelanwendung, über das sie sich aber meist keine Rechenschaft gaben.

Für das Erlernen der Rechtschreibung durch die Kinder lassen sich daraus folgende Schlüsse ziehen:

- Die Schreibweise eines Wortes kann entweder erlernt oder aus Bekanntem erschlossen werden. Bekannt ist den Kindern zunächst nur ihre mündliche Sprache und die Zuordnung von Lauten zu Buchstaben. Allmählich werden Kenntnisse hinzugewonnen, z.B. das Wissen um die pilotsprachliche Lautung der Wörter, um die Zuordnung bestimmter Lautfolgen zu speziellen Buchstabenfolgen (z.B. /fɛr/ am Wortanfang als „ver“), um Rechtschreibregeln oder um Wortverwandtschaften. Jedes hinzugewonnene Wissen führt dazu, dass mehr Schreibungen aus Bekanntem erschlossen werden können und weniger Schreibungen gelernt werden müssen.
- Kinder sind zwar wie beim Primärspracherwerb fähig, bestehende Regeln selbst zu entdecken. Da sie beim Schriftspracherwerb aber weniger Möglichkeiten für Spracherfahrungen haben, ist es wichtig, beim Schreibenlernen den intuitiven Regelbildungsprozess der Kinder bewusst zu fördern und zu lenken, um ihnen so Umwege und frustrierende Erfahrungen zu ersparen.
- Das Erlernen eines Grundwortschatzes kann durch das gleichzeitige Erlernen von Regelanwendungen in zweierlei Hinsicht erheblich erleichtert werden: Mit der lautabweichenden Schreibung wird gleichzeitig eine Gedankenfolge gelernt, die die lautabweichende Schreibung plausibel macht, also z.B.: „‚Land‘ gehört zu ‚Länder‘, also hinten d.“ Da Sinnvolles schneller gelernt wird als Sinnloses, trägt diese Gedankenfolge zum leichteren Erlernen dieser Schreibweise bei. Gleichzeitig wird mit diesem kognitiven Zusatz dem Kind auch der Weg gewiesen, wie es sich die lautabweichende Schreibweise ableiten kann, wenn sein Gedächtnis versagt und es unsicher darüber ist. Jede Unsicherheit induziert damit eine Regelanwendung, die die Rechtschreibsicherheit wieder herstellt. Das wird zunächst nur bei den im Grundwortschatz gelernten Wörtern der Fall sein. Allmählich aber wird Unsicherheit auch bei noch nicht gelernten Wör-

tern analoge Gedankenschritte induzieren. Damit erübrigt sich ein weiteres Erlernen solcher Wörter, sie können sozusagen von alleine richtig geschrieben werden, sodass auch in dieser Hinsicht das Gedächtnis erheblich entlastet wird.

Konkret ergibt sich daraus für das Wörterlernen der Kinder folgendes Vorgehen:
- Jedes Wort, dessen Schreibweise erlernt werden soll, wird zunächst gelesen und inhaltlich gedeutet.
- Dann werden die Sprecheinheiten durch untergelegte Bögen gekennzeichnet (z.B. ordentlich), um auf diese Weise die Kinder zum deutlich in Sprecheinheiten gegliederten Sprechen des Wortes in Pilotsprache zu bringen.
- Der nächste Schritt ist das Beweislesen, das heißt, das Wort wird deutlich in Sprecheinheiten gegliedert, langsam gesprochen, und zu jedem Laut, der gerade gesprochen wird, wird der entsprechende Buchstabe gezeigt. Dieser Schritt dient schon dazu, die Stellen mit unregelmäßiger Schreibung zu erkennen.
- Nun werden die nicht lautgetreu geschriebenen Stellen benannt.
- Während diese bisherigen Schritte im zweiten Schuljahr auch schon von den Kindern vollzogen werden konnten, kann der richtige kognitive Zusatz zunächst nur von der Lehrkraft formuliert werden. Erst allmählich vermögen bei einigen Regeln auch schon die Kinder die richtigen kognitiven Zusätze zu formulieren (vgl. Abb. 1).
- Dann folgt das Einprägen der Schreibung, das zum Teil auch über häufiges Schreiben erfolgt. (Verschiedene Möglichkeiten zum Einprägen der Wörter sind im Anhang aufgeführt.)

Nun gibt es Wörter, die brauchen im zweiten Schuljahr drei oder mehr kognitive Zusätze. Das Wort „Verband“ z.B. brauchte als kognitive Zusätze:
- Name von einer Sache, also groß.
- Vorsilbe „ver“, also mit v.
- „Verband“ gehört zu „Verbände“, also hinten d.

Solche Wörter zu schreiben ist für viele Kinder eine Überforderung. Die Lautfolge abzuhören und in eine Buchstabenfolge zu übersetzen, sich an die Form der Buchstaben und Buchstabenverbindungen zu erinnern und dann noch an drei kognitive Zusätze zu denken, das schaffen die wenigsten Kinder. Selbst wenn das lautgetreue Schreiben schon weitgehend automatisiert ist, sind drei kognitive Zusätze in einem Wort eine sehr hohe Anforderung.

Das heißt nun aber nicht, dass die Kinder diese Wörter nie schreiben können, denn viele kognitive Zusätze erübrigen sich mit der Zeit. Die Schreibweise der Vorsilbe „ver“ z.B. wird den Kindern irgendwann so selbstverständlich, dass sie sich das v nicht mehr besonders einzuprägen brauchen. Wollte man sie dann noch mit dem Erlernen des kognitiven Zusatzes belästigen, so würden sie erstaunt schauen und sagen: „Wieso, das ist doch immer so“, oder sogar: „Wieso, das hört man doch.“ Dann allerdings könnte es geschehen, dass ein Kind statt „fertig“ „vertig“ schreibt. Wenn der kognitive Zusatz von Anfang an richtig formuliert war, kann man das Kind darauf

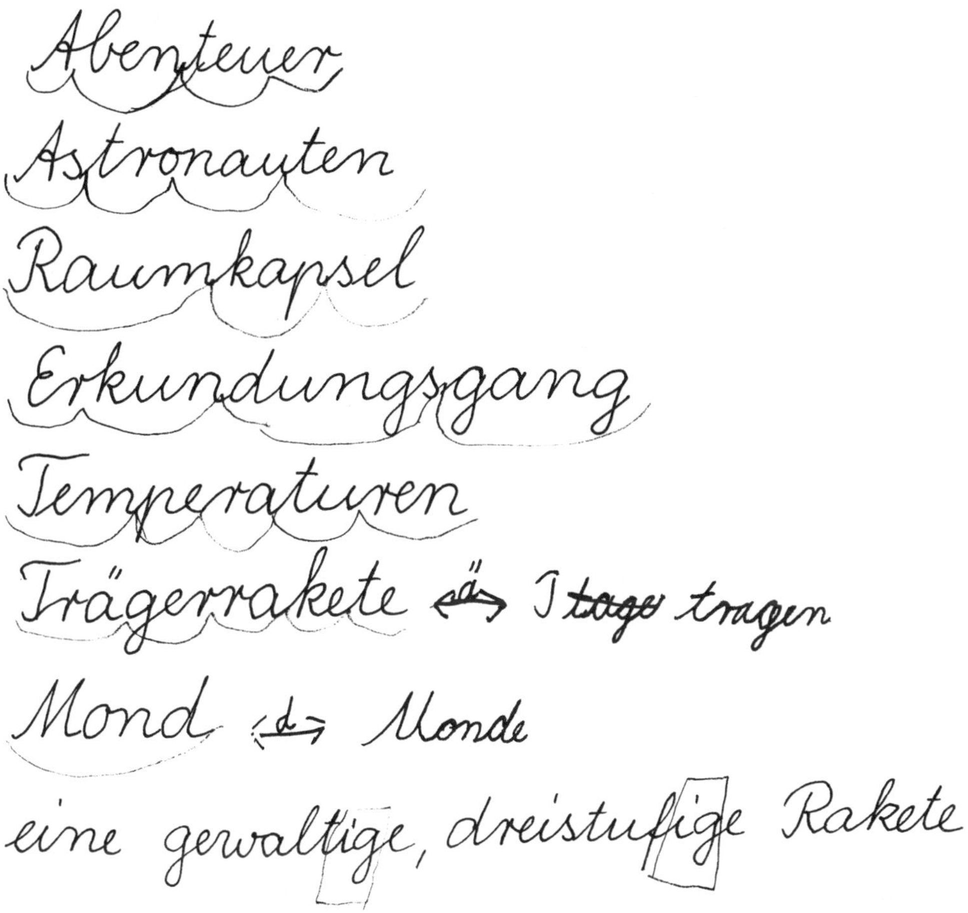

Abb. 1. Als Vorbereitung eines Diktates wurden hier schwierigere Wörter zunächst mit Silbenbögen unterlegt, dann wurde Beweislesen gemacht. Die Kinder schrieben bei den Nachdenkwörtern den kognitiven Zusatz dazu. Der Pfeil nach rechts bedeutet „gehört zu", der Pfeil nach links bedeutet „also mit". Auf diese Weise entsteht ein Doppelpfeil, für diese Kinder das Erkennungszeichen für Nachdenkwörter. Der nur durch Nachdenken erkennbare Buchstabe wird auf den Doppelpfeil geschrieben.

In der untersten Zeile wurde die Endung -ig eingekastelt als Zeichen, dass dieses Morphem auch bei Verlängerung des Wortes nicht mit ie geschrieben werden darf.

hinweisen: „Du, das hier ist keine Vorsilbe", und den Charakter der Vorsilbe genauer erklären. Wenn der kognitive Zusatz allerdings ungenau formuliert war, z.B.: „‚Ver' immer mit v", muss nun eine nachträgliche Differenzierung erfolgen, die das Vertrauen der Kinder in den Gebrauch von Regeln durchaus erschüttern kann.

Damit werden einige Gesetzmäßigkeiten von Wortschatz- und Regellernen deutlich:

1. Viele kognitive Zusätze erübrigen sich mit der Zeit. Die mit dem kognitiven Zusatz erlernte explizite Regelanwendung geht in eine intuitive, als selbstverständlich empfundene Regelanwendung über. Damit reduziert

sich für viele Wörter die Zahl der kognitiven Zusätze, sodass schwierige Wörter zu leichten Wörtern werden.

2. Bei manchen kognitiven Zusätzen bewirkt der Übergang zur intuitiven Regelanwendung, dass neue kognitive Zusätze für Wörter nötig werden, die eine Ausnahme zu der Regel bilden und daher vorher ohne kognitiven Zusatz geschrieben werden konnten (z.B. „fertig"). So können leichte Wörter zu schwierigeren Wörtern werden. Durch jeden solchen Wechsel wird eine Rechtschreibregel weiter ausdifferenziert. Wenn sich diese Ausdifferenzierung dem individuellen Rechtschreiblernen des Kindes anpasst, kann sie ohne großen kognitiven Ballast erfolgen. Komplizierte Regeln werden damit durchaus in ihrer Anwendung erlernbar, ohne dass die Kinder das ganze komplexe Regelpaket je formulieren können müssten.
3. Für die als Grundwortschatz zu lernenden Wörter ergibt sich damit eine sinnvolle Stufung in der Form, dass man möglichst nur Wörter mit einem, allenfalls zwei kognitiven Zusätzen lernen lässt. Bei Wörtern, die mehr kognitive Zusätze brauchen, wartet man, wenn möglich, mit dem Lernen, bis einige Regeln von den Kindern schon intuitiv angewandt werden, sodass sie nicht mehr mit kognitiven Zusätzen versehen werden müssen.
4. Sehr wichtig ist, dass die Zusätze so formuliert werden, dass die Kinder nichts Falsches lernen. Ein kognitiver Zusatz etwa, der lautet: „‚Kommt', kurzes o, also zwei m", ist falsch und würde ausgesprochen Schaden anrichten, ebenso wie der häufig zu hörende Satz: „Langes a, also mit h."

Eine Systematik der Rechtschreibregeln und der dazugehörenden kognitiven Zusätze befindet sich im Anhang.

3.2 Freies Schreiben als Mittel zum Rechtschreiblernen

Das Schreiben kann viele sehr unterschiedliche Funktionen haben. Eine ganz wesentliche Funktion ist, sich anderen mitzuteilen, und zwar in einer dauerhafteren Form, als das mit der mündlichen Sprache möglich ist. Für die meisten Kinder ist diese Funktion der Schrift die wesentliche Motivation, sie zu erlernen. Je früher man den Kindern erlaubt, die Schrift in dieser Weise in Gebrauch zu nehmen, desto früher kann diese Funktion der Schrift das Lernen der Kinder motivieren, desto weniger müssen sekundäre Motivationen strapaziert werden.

Die Motivation der Kinder kann also ganz entscheidend gefördert werden, wenn die Schule ihnen viele Gelegenheiten schafft, im freien Schreiben eigene Inhalte zu Papier zu bringen, die dann von anderen gelesen werden. Die Aufgabe des Lehrers ist dabei einerseits, die Kinder zu Mitteilungen anzuregen, ihnen zu helfen, Inhalte, Themen zu finden, über die sie gerne etwas schreiben wollen, ihnen andererseits genügend Zeit zur Verfügung zu stellen, in der sie ihre Mitteilungen zu Papier bringen, und schließlich dafür zu sorgen, dass diese Mitteilungen auch gelesen werden. Zahlreiche Anregungen dazu finden sich z.B. bei Brügelmann 1984 und 1986, Bergk/Meiers 1985, Sennlaub 1980.

Sehr häufig haben Lehrer das Gefühl, sie hätten zu diesem freien Schreiben keine Zeit, weil die Kinder dann zu wenig im Rechtschreiben lernen würden. Faktisch aber ist das freie Schreiben weitaus die beste Grundlage zum Erlernen der Rechtschreibung:

- Während die Kinder auf einen Inhalt hin konzentriert und motiviert sind, ihn niederzuschreiben, üben und automatisieren sie quasi nebenbei das Abhören der Wörter auf ihre Lautfolge und das Übersetzen dieser Lautfolge in eine Buchstabenfolge. Häufig ist das, was dort zu Papier gebracht wurde, noch nicht lautgetreu, weil die Kinder dem Schreibprozess ihre Umgangssprache und nicht die Pilotsprache zugrunde legten. Trotzdem ist diese Tätigkeit für das Rechtschreiben sehr nützlich, denn dabei wird das Übersetzen einer Lautfolge in eine Buchstabenfolge so stark trainiert, dass es allmählich immer mehr automatisiert und verinnerlicht wird, mit immer weniger Konzentrationsaufwand vollzogen werden kann und schließlich die Aufmerksamkeit für kompliziertere Rechtschreibeprozesse freigibt.
- Ziel des freien Schreibens ist die Ausrichtung auf einen Leser. Damit wird die unterste Stufe des Rechtschreibens, das lautgetreue Schreiben, eine Notwendigkeit, denn ungeübte Leser können häufig Texte, die nicht lautgetreu geschrieben sind, nicht mehr verstehen. Aber auch die Rechtschreibbesonderheiten haben ihre Funktion, denn sie sind eine Lesehilfe für den kompetenten Leser. Je weiter gehend der Text in der üblichen Schreibweise geschrieben ist, desto müheloser kann er gelesen werden. Von daher können die Kinder sinnvoll zu Korrekturen an ihren Texten motiviert werden.
- Da die Kinder ihre eigenen Texte verfassen, üben sie das Rechtschreiben genau an den Wörtern, die sie häufig gebrauchen und die ihnen wichtig sind, die also ihrem Interessensbereich entstammen. Die Motivation, diese Wörter zu lernen, dürfte weit höher sein als bei Wörtern die vom Lehrer vorgegeben wurden, aber die Kinder nur wenig betreffen.

Es gibt recht vielfältige Möglichkeiten, wie man das Rechtschreiblernen aus dem freien Schreiben heraus entwickeln kann. Folgendes Vorgehen ist beispielsweise möglich:

- Zunächst bringen die Kinder ihre Texte völlig ungestört und natürlich fehlerhaft zu Papier. Kinder, die sehr unwillig werden, wenn sie den Text nach einer Korrektur noch einmal abschreiben müssen, kann man anleiten nur jede zweite Zeile zu beschreiben, sodass falsche Wörter durchgestrichen und richtig oben drüber geschrieben werden können.
- Sobald ein Kind einen Text fertig geschrieben hat, zeigt es ihn der Lehrkraft. Diese redet zunächst inhaltlich mit dem Kind über das Geschriebene und freut sich darüber. Dann kennzeichnet sie, was richtig, was falsch geschrieben wurde, z.B. indem sie alle richtig geschriebenen Wörter unterstreicht. Zusätzlich bezeichnet sie die Stellen, an denen dem Kind die lautgetreue Schreibung noch nicht gelungen ist, da diese Stellen für den Leser noch nicht verständlich sind.
- Nun werden zuerst die nicht lautgetreuen Stellen besprochen. Die Lehrkraft schreibt das falsch geschriebene Wort oder die Wendung auf. Das Kind erliest sie, kennzeichnet die Sprecheinheiten durch Bögen darunter und spricht jedes Wort dabei in Pilotsprache aus. Anschließend versucht

es die Wörter auch auswendig in Pilotsprache zu sprechen und die Bögen dabei in die Luft zu schwingen. Die Lehrkraft kontrolliert die Aussprache und verweist das Kind so oft auf das Geschriebene, bis es wirklich genau genug gelesen und die Aussprache gespeichert hat.

- Ganz wichtig ist dann aber, dass das Kind das Wort nun nicht einfach vom Zettel der Lehrkraft abschreibt, sondern es anhand seiner pilotsprachlichen Aussprache selbstständig aufschreibt. Sonst bleibt der erwünschte Lerneffekt aus.
- Es ist durchaus möglich, dass die Kraft der Kinder mit dieser Korrektur schon erschöpft ist. Dann genügt diese Korrektur auch, denn schließlich ist das orthographisch richtige Schreiben nur eine Lesehilfe, quasi eine Art Höflichkeit dem Leser gegenüber, mehr nicht. Jeder Mensch ist auch einmal unhöflich, wenn die geforderte Höflichkeit über seine Kräfte gehen oder ihm selbst schaden würde. Ein Beharren auf Fehlerlosigkeit könnte diesen Kindern die Motivation zum Schreiben zerstören und ihnen so dauerhaften Schaden zufügen. Die Kinder wissen ohnehin, welche Wörter noch nicht richtig sind, denn die Lehrkraft hat sie ja entsprechend gekennzeichnet. Auch der Mut zu Fehlern ist eine in unserer Gesellschaft dringend gebrauchte Tugend.
- Sehr häufig aber sind die Kinder durchaus erpicht darauf, ihre Texte oder zumindest die ihnen wichtigen Wörter „mit Lesehilfe“, also orthographisch richtig zu schreiben. In diesem Fall nennen die Kinder der Lehrkraft die Wörter, die sie richtig schreiben wollen. Die Lehrkraft bespricht mit ihnen die Schreibweise der Wörter und nennt die kognitiven Zusätze, soweit sinnvoll, mit Regelbezug. Die Lehrkraft oder das Kind können entscheiden, wie weit die Kinder die Wörter durch das Besprechen allein nun richtig schreiben können und welche Wörter die Lehrkraft dem Kind auf einen Zettel vorgeschrieben mitgibt. Die Korrektur im Heft jedenfalls wird von den Kindern erst selbstständig am Platz durchgeführt. Auf diese Weise müssen die Kinder an ihrem Platz die Schreibweise der Wörter noch einmal in Ruhe rekapitulieren, was den Lerneffekt sehr erhöht.
- Wie dann mit den Geschichten weiter verfahren wird, ob sie vorgelesen, in dieser Form im Klassenzimmer ausgehängt oder sauber in ein Geschichtenheft für die Eltern oder ein „Klassen-Buch“ geschrieben werden, ist wieder Sache des Aufsatzunterrichts.
- Für das Rechtschreiblernen bleibt ein weiterer Schritt zu tun. Das Kind wählt sich aus seinem Text eine ihm angemessene Anzahl von fehlerhaft geschriebenen Wörtern aus, deren Schreibweise es sich einprägen will. Es ist sinnvoll, wenn die Lehrkraft das Kind berät, welche Wörter z.B. besonders häufig sind und deshalb möglichst gelernt werden sollten oder welche Wörter der Lehrkraft noch zu schwierig für dieses Kind erscheinen. Die Entscheidung aber sollte unbedingt beim Kind liegen. Dadurch ist die beste Motivation gewährleistet, und das Kind lernt außerdem, seinen Rechtschreib-Lernprozess selbstständig zu steuern. Und was schadet es schon, wenn das Kind die häufigsten Wörter nicht übt. Es wird die Erfahrung machen, dass es sie bei den nächsten Malen wieder falsch schreibt, und schließlich bereit sein, sie zu üben. Oder es wird sie vielleicht durch das wiederholte Korrigieren schließlich von alleine richtig schreiben. Ebenso wird es, wenn es ein besonders schwieriges Wort wählt, merken,

wie mühsam es ist, dieses Wort zu lernen, und das nächste Mal solche Wörter vermeiden. Oder es wird das Wort trotzdem lernen und besonders stolz darauf sein. Auf jeden Fall sollte man solche Erfahrungen nicht verhindern, sondern eher hinterher darüber reden, um dem Kind bei der sinnvollen Verarbeitung der Erfahrungen zu helfen.

- Die vom Kind ausgewählten Lernwörter werden nun entweder in ein Heft oder auf Karteikarten geschrieben. Für die nicht lautgetreuen Stellen werden zusammen mit der Lehrkraft die kognitiven Zusätze formuliert und dazugeschrieben, bei Karteikarten auf die Rückseite, im Heft neben das Wort. Diese Wörter werden nun in eigenen dafür vorgesehenen Zeiten geübt (vgl. Abschnitt 3.5). Als Erfolgskontrolle werden zu festgelegten Zeiten die letzten zwanzig geübten Wörter vom Partner diktiert, um zu sehen, ob das Kind diese Wörter alle fehlerlos schafft. (Beim Partnerdiktat ist es sinnvoll, dass der Partner die Wörter zunächst einmal laut vorliest und dann erst diktiert, sodass der Nachbar beim ersten Vorlesen noch Hilfestellungen bei Leseschwierigkeiten geben kann.)

Es ist durchaus möglich, diese Art des Aufsatzunterrichts weitgehend zur Grundlage des Rechtschreiblernens zu machen. Die Kinder werden mit Sicherheit genauso viel dabei lernen, wie beim Üben der vom Lehrer vorgegebenen Diktate, denn es sind ihre Texte, ihre Wörter. Die Motivationist dadurch viel höher, und diese beeinflusst ganz entscheidend den Lernerfolg.

Viele Kinder würden wahrscheinlich sogar auch ohne das spezielle Wörterlernen, allein durch das häufige Schreiben von Geschichten ausreichende Fortschritte in der Entwicklung ihrer Rechtschreibfähigkeit machen. Trotzdem halte ich auch in einem solchen freien Rechtschreibunterricht ein institutionalisiertes Wörterlernen für unabdingbar notwendig. Folgende Gründe sprechen dafür:

- Zwar lernen die meisten Kinder das Rechtschreiben schon allein durch das Geschichtenschreiben, aber nicht alle. Die Kinder mit besonderen Schwierigkeiten im Lesen- und Schreibenlernen sind ihrem Nichtkönnen hilflos ausgeliefert, wenn ihnen beim institutionalisierten Wörterlernen nicht effektive Lerntechniken zur Verfügung gestellt werden, die ihnen helfen, ihre Schwierigkeiten zu überwinden.
- Auch für die meisten anderen Kinder wird irgendwann die Anforderung kommen, dass sie sich gezielt und effektiv die Schreibweise schwieriger Wörter einprägen müssen. Die Lerntechniken, die dafür benötigt werden, kann man ihnen bei dem institutionalisierten Wörterlernen bewusst vermitteln.
- Außerdem würde mit dem Wörterlernen das Erlernen der Regelanwendung in den kognitiven Zusätzen entfallen. Das aber hat vermutlich einen sehr großen Einfluss auf den Erwerb allgemeiner Rechtschreibsicherheit, sodass man darauf nicht verzichten sollte.
- Schließlich geht es bei dem institutionalisierten Wörterlernen auch darum, dass die Kinder den Zusammenhang zwischen ihrem Arbeitseinsatz unddem Erfolg erfahren und so animiert werden, die Verantwortung für ihren Schulerfolg selbst zu übernehmen. Diese Chance sollte nicht vertan werden.

Ein solcher Rechtschreibunterricht, wie er oben beschrieben wurde, ist natürlich nur durchführbar, wenn die Kinder ihre Geschichten nicht im Gleichschritt schreiben müssen und dann alle fünfundzwanzig zur gleichen Zeit korrigiert werden wollen. Nur wenn sie in ihrem eigenen Tempo arbeiten dürfen, sodass die einen gerade schreiben, während andere sich ein neues Thema suchen und wieder andere ihre Geschichte in ein besonderes Heft übertragen und schön verzieren, können die Kinder mit ihren Korrektur- und Besprechungswünschen zur Lehrkraft kommen und hoffen, dass die Schlange der wartenden Kinder dort nicht zu lang wird. Ein bisschen Geduld allerdings müssen wohl auch die Kinder dabei lernen. Aber auch das ist eine sinnvolle Lernaufgabe, in die die Lehrkraft die Kinder liebevoll einführen kann.

Organisatorisch kann man z. B. zwei der fünf wöchentlichen Deutschstunden für dieses freie Schreiben reservieren. An den anderen drei Tagen werden in den ersten zehn Minuten Wörter geübt, die übrige Zeit steht für andere Aufgaben des Deutschunterrichts zur Verfügung. An einem festgesetzten Wochentag wird alle vierzehn Tage das Wörterüben durch das Partnerdiktat ersetzt.

3.3 Das Schreiben geübter Diktate als Grundlage des Rechtschreiblernens

Sehr viel üblicher als das freie Schreiben ist es bisher, zumindest in der Grundschule, geübte Diktate als Grundlage für das Rechtschreiblernen zu nehmen. Diese Methode kann verheerend wirken, wenn sie in ungünstiger Weise angewandt wird, sie kann aber auch durchaus eine sinnvolle Grundlage für das Rechtschreiblernen sein. Ein Nachteil aber lässt sich durch noch so gute methodische Aufbereitung nicht verändern. Die Ausrichtung auf den Leser als eigentliche Motivation für das Rechtschreiben entfällt. Daher muss die im freien Schreiben natürlich gegebene primäre Motivation durch die sekundäre Motivation, durch möglichst wenig Fehler die Anerkennung der Umwelt zu erwerben, ersetzt werden.

Sehr negativ kann sich das Diktatschreiben auswirken, wenn es nicht von einer behutsamen Einführung in die Technik des Wörterlernens begleitet ist. Wenn die Lehrkraft das versäumt, entsteht häufig der so weit verbreitete üble Nachhilfeunterricht der Eltern. Das läuft dann so ab:

Die Kinder bekommen am Wochenanfang den Diktattext, den sie in der Woche im Unterricht etwas üben und am Wochenende schreiben sollen. Einige Kinder, die Naturgenies, schreiben ihn zu Hause einmal ab, prägen sich selbstständig schwierige Wörter ein und können den Text am Ende der Woche fehlerlos schreiben. Für sie ist das Diktatschreiben natürlich kein Problem. Andere erzählen ihren Eltern, dass sie den Text üben müssten. Da weder Kinder noch Eltern wissen, wie man übt, wird der Text abgeschrieben, diktiert, schwierige Wörter noch einmal diktiert, und wenn die Kinder den Text dann noch immer nicht fehlerlos schreiben können, gibt es Ärger und Hysterie. Häufig werden den Kindern dabei auch von den Eltern falsche

Rechtschreibregeln beigebracht. Einige Kinder schaffen auch mit dieser Methode noch gute Ergebnisse, aber andere erfahren nur, dass sie die Wörter immer wieder falsch schreiben, entwickeln Ängste und versagen beim Diktat. Und die Kinder, mit denen zu Hause niemand übt, die aber keine Naturgenies sind, bleiben auf jeden Fall auf der Strecke. Manche Lehrkräfte wollen genau dieses Problem vermeiden. Sie geben den Kindern deshalb am Wochenanfang nicht den Text, damit nicht zu Hause geübt wird, sondern sie bauen die Wörter und Sätze des nächsten Diktates in andere Zusammenhänge ein, sodass sie mehrmals geschrieben und so geübt werden. Damit überlassen sie aber die Kinder völlig hilflos ihren Lernvoraussetzungen. Erfolg und Misserfolg werden damit völlig schicksalshaft, unbeeinflussbar für das Kind. Denn die Kinder, die die Schreibweise eines Wortes nicht mit zweimaligem Schreiben gespeichert haben, können natürlich nicht alles, was in der Woche im Unterricht geschrieben wird, zu Hause noch besonders üben, um ihre schlechteren Lernvoraussetzungen zu kompensieren. In manchen Familien entsteht daher das absurde Ratespiel, dass die Mutter gegen Ende der Woche die Hefte des Kindes durchschaut, um zu sehen, welche Wörter das Kind bei mehreren Gelegenheiten geschrieben hat, welche also vermutlich im Diktat drankommen werden. Diese werden dann auf die oben beschriebene Weise zu Hause geübt. Ob das zu einer wünschenswerten Einstellung des Kindes beiträgt?

Die Ausführungen haben wohl deutlich genug gezeigt, dass ein Diktatunterricht auf diese Weise nicht sinnvoll ist. Auch die Entscheidung mancher Lehrkräfte, deswegen nur selten ein Diktat zu schreiben, ändert daran nichts Wesentliches. Sie gibt nur dem einzelnen Diktat ein noch viel größeres Gewicht.

Deshalb soll hier eine Alternative vorgeschlagen werden, die durchaus praktikabel ist und den Kindern die gewünschten Erfahrungen vermitteln kann.

Zu Beginn der Woche bekommen die Kinder den Diktattext. Er sollte nicht zu schwierig sein, das heißt nicht zu viele Wörter enthalten, die kognitive Zusätze benötigen, möglichst kaum Wörter, die mehr als einen kognitiven Zusatz benötigen, und im zweiten Schuljahr auch noch nicht zu lange Wörter. Der Text wird gelesen und inhaltlich sorgfältig durchgesprochen. Natürlich sind die Kinder auch zu Beginn des zweiten Schuljahrs schon sehr unterschiedlich weit in ihrer Rechtschreibfähigkeit, sodass ein solcher Text für einige Kinder kaum eine Anforderung darstellt, während er andere überfordert. Deshalb muss ein erster Schritt nach der inhaltlichen Durcharbeitung des Textes darinbestehen, dass jedes Kind individuell entscheidet, welche Wörter es schon schreiben kann, welche Wörter also für es selbst leicht, welche schwierig sind.

Es teilt dafür ein Blatt Papier in zwei Spalten, über die eine Spalte kommt „leicht", über die andere „schwierig". Nun werden die Wörter in die zwei Spalten einsortiert. Dabei geht es nicht darum, dass die Kinder entscheiden, welche Wörter objektiv leicht oder schwierig sind, sondern welche Wörter sie selbst schon so sicher schreiben können, dass sie für sie selbst leicht sind, und mit welchen Wörtern jedes individuelle Kind glaubt, noch Schwierigkeiten zu haben.

Selbstverständlich kann die Lehrkraft die Kinder bei diesem Prozess beraten. Erfahrungsgemäß schreiben z.B. gerade die schwächsten Rechtschreiber fast alle Wörter in die Spalte der leichten Wörter und machen dabei noch viele Rechtschreibfehler, während die besseren Rechtschreiber ihre Fähigkeiten sehr viel besser einschätzen können. Hier ist es natürlich sinnvoll, dass die Lehrkraft die schwächeren Schüler berät und ihnen vorschlägt, bestimmte Wörter in die Spalte der schwierigen Wörter zu schreiben. Die letzte Entscheidung aber bleibt dem Kind überlassen. Es wird eventuell aus seinen negativen Erfahrungen lernen, und das ist besser, als wenn es sich dem Druck der Lehrkraft beugen müsste.

Eine schnellere Methode ist, dass die Kinder im vorgegebenen Text einfach die Wörter unterstreichen, die für sie schwierig sind.

Von den leichten Wörtern wird angenommen, dass die Kinder sie ohne weiteres Üben beim Diktat richtig schreiben. Bei den schwierigen Wörtern ist nun das Dilemma, dass die guten Rechtschreiber nur einige wenige Wörter in der Spalte stehen oder unterstrichen haben, während gerade die langsamer lernenden Kinder dort bis zu zwanzig oder mehr Wörter notiert haben und also bis zum Ende der Woche fehlerlos beherrschen müssten. Damit sind natürlich die schwachen Schüler überfordert. Denn gerade sie brauchen ja viel länger zum Üben der Wörter als die anderen Kinder. Deshalb ist es sinnvoll, dass diese Kinder nicht alle Wörter üben, sondern sich – nach Selbsteinschätzung – fünf bis zehn schwierige Wörter aussuchen, die sie bis zum Schreiben des Diktates geübt haben wollen. Diese Wörter werden doppelt unterstrichen und auf einen gesonderten Zettel geschrieben. Die ganz guten Rechtschreiber aber, denen nicht einmal fünf Wörter des Diktattextes Schwierigkeiten bereiten, suchen sich aus irgendeinem Buch, das sie interessiert, noch schwierige Wörter dazu, die sie schreiben wollen. Damit füllen sie ihre Spalte der schwierigen Wörter auf, sodass auch sie schließlich fünf bis zehn Wörter zu üben haben.

Nun kommt der zweite Schritt, der häufig erst am nächsten Tag vollzogen wird. Die Kinder müssen zu den Wörtern, die sie üben wollen, die richtigen kognitiven Zusätze schreiben. Dazu geht die Lehrkraft den Diktattext mit den Kindern durch. Die nicht lautgetreuen Stellen in jedem Wort werden gekennzeichnet und die kognitiven Zusätze dazu formuliert und besprochen.

Alle kognitiven Zusätze ausformuliert an die Tafel zu schreiben ist allerdings sehr mühsam und überfordert Lehrer, Kinder und den verfügbaren Tafelplatz. Unterlässt man das Anschreiben, so werden es nicht alle Kinder schaffen, zu ihren Wörtern die richtigen kognitiven Zusätze zu schreiben, und schon gar nicht ohne Rechtschreibfehler. Deshalb ist es sinnvoll, den Kindern anschließend einen Zettel auszuteilen, auf dem alle nicht lautgetreuen Wörter des Diktates mit den entsprechenden kognitiven Zusätzen aufgeführt sind. Die Kinder suchen die Wörter, die sie üben wollen, heraus und schreiben dazu die richtigen kognitiven Zusätze vom Zettel ab.

Die guten Rechtschreiber, die ihre Liste der schwierigen Wörter mit eigenen Wörtern auffüllten, versuchen zunächst selbstständig, die richtigen kognitiven Zusätze zu ihren Wörtern zu formulieren, und besprechen ihre Versuche dann mit der Lehrkraft.

Auf diese Weise hat schließlich jedes Kind eine Liste von fünf bis zehn

Wörtern mit den notwendigen, richtig formulierten kognitiven Zusätzen versehen, die es bis zum Wochenende lernen will (vgl. dazu Abschnitt 3.4).

Am Wochenende wird nun der Text diktiert. Alle Kinder schreiben das ganze Diktat, die sehr guten Rechtschreiber schreiben dazu noch auswendig ihre selbst gesuchten schwierigen Wörter. Beim Einsammeln des Diktates geben die Kinder ihre Liste der leichten und schwierigen Wörter mit ab. Dort hat jedes Kind ja auch unterstrichen, welche Wörter es üben wollte. Gezählt werden nun alle richtig geschriebenen Wörter und die Fehler. Als Fehler aber gelten nur falsch geschriebene Wörter, die entweder von diesem Kind zu den leichten Wörtern eingeordnet wurden oder die von diesem Kind geübt wurden. Daneben gibt es aber noch Wörter, die falsch geschrieben wurden, die bei diesem Kind aber in der Spalte der schwierigen Wörter standen und nicht geübt wurden, weil für dieses Kind eben noch zu viele Wörter schwierig waren. Diese Wörter werden zwar korrigiert, aber nicht als Fehler gezählt! Das eine Kind kann also in diesem Diktat null Fehler und zwölf richtig geschriebene Wörter haben, während ein anderes z. B. null Fehler und 27 richtig geschriebene Wörter hat oder auch 15 Fehler und zwölf richtig geschriebene Wörter, wenn es seine Rechtschreibfähigkeiten vorher völlig falsch eingeschätzt und zu viele Wörter in die Spalte der leichten Wörter geschrieben hatte.

Es kann auch geschehen, dass zwei Kinder in demselben Wort denselben Fehler gemacht haben. Bei dem einen Kind wird dieser Fehler als Fehler gezählt, weil es dieses Wort in der Woche geübt und trotzdem noch falsch geschrieben hat. Das andere Kind hat dieses Wort bei den schwierigen Wörtern eingeordnet und nicht geübt. Bei diesem Kind wird dieses Wort nicht als Fehler gezählt. Da das Wort falsch ist, wird es allerdings auch nicht bei den richtigen Wörtern mitgezählt. Die Anzahl der richtigen Wörter sagt also etwas über die objektive Rechtschreibfähigkeit der Kinder aus, die Zahl der Fehler hingegen zeigt den Erfolg ihres Arbeitens.

Wenn Kinder viele Fehler machen, so kann das an Folgendem liegen:
- Das Kind hat sich selbst falsch eingeschätzt. Es hat vielleicht zu viele Wörter als leicht eingeordnet, oder es hat zehn schwierige Wörter üben wollen, obwohl fünf Wörter seiner Lernfähigkeit angemessener gewesen wären.
- Das Kind hat sich nicht der vorgeschlagenen Lerntechniken bedient, oder es hat diese auf ineffektive Weise gebraucht. Es hat z. B. die Wörter immer wieder buchstabenweise abgeschrieben, statt sie zu lesen und dann auswendig aufzuschreiben.
- Oder es hat die zum Lernen der Wörter vorgegebene Zeit verspielt, verschwätzt oder verträumt, statt sie zum Einprägen der Wörter zu gebrauchen.

Welche von diesen Ursachen zutrifft, sollte die Lehrkraft liebevoll mit dem Kind herauszubekommen versuchen. Dabei belehrt und ermahnt sie das Kind nicht, sondern sucht gemeinsam mit dem Kind nach der Ursache der vielen Fehler und fragt, ob eine der obigen Begründungen zutrifft.

Eine Begründung, die häufig von Eltern angeführt und auch von vielen Lehrkräften respektiert wird, ist, dass das Kind beim Diktatschreiben so aufgeregt sei, dass es alles, was es sonst konnte, falsch gemacht habe. Diese Begründung trifft bei einigen Kindern bei der bisher üblichen Form des Diktatschreibens ganz sicher zu. Bei der hier vorgeschlagenen Form braucht die Lehrkraft sie nicht gelten zu lassen. In diesem Fall kann sie das Kind vielmehr anleiten, in die Spalte der leichten Wörter nur die Wörter zu schreiben, die es so sicher kann, dass es sie auch im Zustand der Aufregung noch richtig schreibt. Von den schwierigen Wörtern sucht sich das Kind diejenigen aus, die es eigentlich auch schon kann, aber vielleicht in der Aufregung noch falsch schreiben könnte. Auf diese Weise kann auch dieses Kind null Fehler schaffen und seine Angst vor Diktaten abbauen.

Es gibt eine kleine Zahl von Kindern, bei denen solches Üben nicht zu immer mehr Erfolg führt, weil bei ihnen die vielen Fehler im Diktat kein kognitives, sondern ein motorisches Problem sind. Sie wissen eigentlich bei jedem Wort, wie es geschrieben wird, und auch bei Rechtschreibtests, in denen nur einzelne Wörter in Lücken eingetragen werden, schneiden sie relativ gut ab. Erst die Anforderung im Diktat, bei dem ein Text von 60 oder mehr Wörtern relativ zügig hintereinander weg geschrieben werden muss, bringt die Schwierigkeiten zutage. Die Steuerung der Feinmotorik verschlingt so viel Kraft und Konzentration, dass nach einigen Zeilen die Schreibbewegung in ein relativ ungegliedertes Auf und Ab verfällt. Dabei durchschauen die Kinder dann selbst nicht mehr so genau, welche Buchstaben sie schon geschrieben haben, und ihre geistige Kraft reicht häufig auch nicht mehr zum Abrufen ihres eigentlich vorhandenen Wissens aus. Hier kann die Ermutigung helfen, sich ausreichend Zeit zu lassen und lieber einige Lücken zu lassen, wenn zu schnell diktiert wird. Darüber hinaus muss sich die Schule überlegen, wieweit sie in schulischem Rahmen eine sensomotorische Übungsbehandlung anbieten oder die Eltern auf eine außerschulische Möglichkeit verweisen will.

3.4 Das Einprägen von Wortschreibungen

Das Einprägen von Wortschreibungen, gleichgültig, ob für das Diktat oder im Anschluss an das freie Schreiben, erfolgt in zwei Stufen: der gedanklichen Durchdringung und dem Automatisieren.

3.4.1 Die gedankliche Durchdringung

Zur gedanklichen Durchdringung gehört zunächst, dass der Inhalt des Wortes oder der Wendung genau erfasst wird. Diese Forderung klingt trivial und ist beim freien Schreiben auch kein Problem. In Diktaten wird aber sehr viel öfter dagegen verstoßen, als den Lehrern und Lehrerinnen bewusst ist. Ein Beispiel:

In einem Diktattext Mitte des zweiten Schuljahres kam der Satz vor: „Du kannst doch schwimmen." Ein Junge schrieb das Wort „doch" immer wieder falsch. Mal schrieb er „durch", mal „dorch", bis schließlich deutlich wurde, dass er eigentlich an das Wörtchen „durch" dachte und nun ganz irritiert war, dass das plötzlich anders geschrieben werden sollte, als er im Kopf hatte. Auf die Frage, er könne sicher noch nicht schwimmen, antwortete er empört: „Doch, …“ In diesem Zusammenhang war ihm das Wort durchaus geläufig. Aber in dem Zusammenhang: Du kannst das doch, war es ihm so fremd, dass selbst die Erklärungen noch nicht ausreichten. Er konnte es noch nicht erlernen.

Der Inhalt des Wortes muss deshalb genau erfasst werden, weil, wie in Abschnitt 1.1 ausgeführt, unsere Schrift nicht nur eine Lautschrift ist, sondern in ihrer morphematischen Struktur auch Elemente einer Bilderschrift enthält. Das heißt, Rechtschreibbesonderheiten sind nicht dem Wortklang, sondern wesentlich auch dem Wortinhalt zugeordnet. Es gibt zahlreiche Homophone in der deutschen Sprache, die unterschiedlich geschrieben werden, weil der Inhalt Verwandtschaft zu anderen Wörtern definiert, z.B. Rind – rinnt, Kante – kannte, Wirt – wird, Blüte – blühte. Glücklicherweise denken auch die Lehrer und Lehrerinnen bei diesen Wörtern so sehr vom Inhalt her, dass ihnen der Gleichklang der Wörter noch kaum bewusst wurde und sie noch nicht auf die Idee kamen, diese Wörter als Rechtschreibschwierigkeit einander gegenüberzustellen und so die Kinder völlig zu verwirren. Daher haben auch Kinder mit diesen Wörtern meist keine besonderen Schwierigkeiten, sobald sie ihnen inhaltlich völlig klar sind.

Mit diesen Beispielen wird schon deutlich, dass zum Erfassen des Inhaltes auch gehört, dass die Wörter zu anderen Wortformen oder Wortzusammensetzungen in Verbindung gebracht werden. Dadurch wird die Bedeutungserfassung intensiviert und präzisiert und allmählich ein Gespür für das Gesamtgefüge unserer Sprache geschaffen, das die Rechtschreibfähigkeiten auf die Dauer stark stützen kann. Der *Wirt* ist jemand, der uns im *Wirts*haus, also in seinem Haus be*wirt*et. Sehr häufig verlangt ja auch der kognitive Zusatz ein Zurückführen auf verwandte Wortformen. „kannte“ gehört zu „ken-nen“, also mit Doppel-n. Dieser Zusammenhang sollte dann aber nicht nur formal für den kognitiven Zusatz festgestellt, sondern auch inhaltlich erläutert werden; z.B.: „Jetzt ‚kenne‘ ich dich, aber früher ‚kannte‘ ich dich noch nicht. Ich habe dich erst ‚ken-nen‘ gelernt, als du in die Schule kamst.“ Deshalb ist es auch wichtig, bei Diktatvorbereitungen die kognitiven Zusätze ausführlich mit der Klasse zu besprechen, bevor man sie auf einem Zettel austeilt.

Bei komplizierteren Wörtern in späteren Schuljahren kann es wichtig sein, die morphematische Struktur des Wortes zu durchdringen und ihren Bezug zum Inhalt zu erläutern. Der „Aussichtsturm“ z.B. ist ein *Turm,* von dem *aus* die *Sicht* besonders gut ist, ein Turm für die Aus-sicht, also ein Aus-sicht-s-turm. Diese Art der morphematischen Durchdringung kann ausgesprochen spannend werden, wenn z.B. Lehrer und Kinder gemeinsam versuchen, den Zusammenhang zwischen „Zahl“ und „erzählen“ aufzuspüren. Oder man kann über das in der Sprache verborgene psychologische Wissen staunen, wenn man über die Wendung „sich beschweren“ nachdenkt und erkennt, dass man mit dieser Tätigkeit häufig nicht etwa den anderen be*schwert* und sich erleichtert, sondern dass man allzu oft sich selbst beschwert, selbst wenn man im Recht ist.

Nach der inhaltlichen Durchdringung ist die Erarbeitung des pilotsprachlichen Wortklanges sehr wichtig. Kinder aus einem schriftsprachnahen Milieu haben es dabei vermutlich sehr viel leichter als Kinder aus einem schriftsprachfernen Milieu. Kinder aus einem schriftsprachnahen Milieu erleben die Sprache zwar auch oft umgangssprachlich verkürzt. Aber sie erleben sie häufig sehr viel weniger dialektal verfärbt, und bei Unklarheiten oder Verständnisschwierigkeiten wird häufig eine stärker auf die Schriftsprache hin entfaltete Wiederholung gewählt. Menschen aus sehr schriftsprachfernem Milieu hingegen wissen oft gar nicht, wie die stärker entfaltete Sprachform heißen müsste, sondern sagen dann dasselbe entweder lauter oder mit anderen Worten noch einmal. Von daher ist den Kindern aus schriftsprachfernem Milieu die Pilotsprache viel fremder. Die Lehrer müssen also im Unterricht aufpassen, dass sie sich nicht von den vielen Kindern, denen die Pilotsprache leicht fällt, dazu verführen lassen, das Erarbeiten der Pilotsprache zu vernachlässigen, zum Schaden der Kinder aus sehr schriftsprachfernem Milieu.

Das Erarbeiten der Pilotsprache geschieht immer vom *geschriebenen* Wort her. Die Aussprache der Wörter wird einfach so eng wie möglich an die Buchstabenfolge angelehnt, und das Wort wird so deutlich in seine Silben aufgegliedert, dass zwischen den Silben jeweils kurze Zeit wirklich nichts zu hören ist. Dadurch werden sogar doppelte Mitlaute zwischen zwei Vokalen doppelt hörbar gemacht: Son·ne. Aber auch jede dialektale Verkürzung und Verschleifung wird in die der Schriftsprache zugrunde liegende Lautung übersetzt. So wird aus der /a:bait/ die /ar·bait/, während /a:·ber/ deutlich ohne r-Komponente gesprochen wird.

Nach dem Erarbeiten der Pilotsprache muss die Aufmerksamkeit auf die Rechtschreibbesonderheiten gerichtet werden, die nicht hörbar zu machen sind. Was als Rechtschreibbesonderheit empfunden wird, ändert sich allerdings mit der Zeit. Das lange i ist dafür ein gutes Beispiel. Sobald die Kinder ein Gespür für die Unterscheidung zwischen langem und kurzem i entwickelt haben und das lange i intuitiv als ie schreiben, brauchen Wörter mit ie keinen kognitiven Zusatz mehr. Dann brauchen Wörter, in denen das lange i nur als i geschrieben wird, einen kognitiven Zusatz.

Eine Übersicht über die Rechtschreibbesonderheiten und die dazugehörenden kognitiven Zusätze befindet sich im Anhang.

3.4.2 Das Automatisieren

Die gedankliche Durchdringung der Wortschreibung ist zwar unumgänglich notwendig, aber für die meisten Kinder nicht ausreichend, um das Wort dauerhaft richtig zu schreiben. Es muss eine Phase des Einprägens und Automatisierens folgen, deren Ziel ist, dass alle die jetzt erarbeiteten Gedankengänge, die zum richtigen Schreiben des Wortes notwendig sind, mühelos, fast unterschwellig ablaufen und bei jedem Schreiben des Wortes völlig selbstverständlich mit abgerufen werden. Das letzte Ziel des Automatisierens ist sogar, dass das Wort schließlich als Buchstabenfolge einfach gewusst wird, ohne dass die diese Schreibung begründenden Regeln noch aktiviert werden müssen.

Um das zu erreichen, lassen sich eine ganze Reihe abwechslungsreicher Übungen finden, die den Kindern ausgesprochen Spaß machen. Diese Übungen reichen vom rein mündlichen Repetieren dessen, was man sich bei diesem Wort merken muss, über häufiges Schreiben bis hin zu Übungen, die den Transfer des hier Geübten auf andere Wortformen oder Wörter mittrainieren. Im zweiten Schuljahr spielen die Übungen, bei denen das Wort einfach geschrieben wird, noch die größte Rolle. In dem Maße, in dem das Übersetzen der Pilotsprache in eine Buchstabenfolge eine völlig selbstverständliche Fähigkeit für die Kinder wird und auch das Umsetzen kognitiver Zusätze in den Schreibvorgang keine Probleme mehr bereitet, werden solche Übungen unökonomisch. Dann reicht häufig das mündliche Repetieren der Pilotsprache und der zum Wort gehörenden kognitiven Zusätze. Mit höheren Schuljahren können dann auch Übungen vorgeschlagen werden, die den Transfer einer Rechtschreibbesonderheit auf andere Wortformen oder Wörter mittrainieren. Solche Übungen allerdings können häufig nur von den sprachlich wendigeren und kreativeren Schülern durchgeführt werden, während sie für andere eine Überforderung bedeuten. Im Anhang finden sich einige Vorschläge für solche Übungen.

3.5 Die Vermittlung von Lernstrategien

Will man, dass die Kinder im Anschluss an das freie Schreiben selbstständig schwierige Wörter bis zur sicheren Beherrschung üben, so ist das nur möglich, wenn man ihnen vermittelt, *wie* man denn solche Wörter übt. Die Technik des Wörterlernens selbst muss zum Unterrichtsgegenstand gemacht werden.

Aber auch beim diktatorientierten Rechtschreibunterricht ist es ein Kernstück des Unterrichts, dass die Kinder lernen, wie man die Schreibweise der Wörter erlernen kann. Nur dann sind sie nicht mehr hilflos ihren unterschiedlichen Lernvoraussetzungen ausgeliefert, sondern haben die Möglichkeit, durch ihren Arbeitseinsatz ihren Erfolg so zu steuern, wie sie es brauchen. Dann können sie auch jederzeit, unabhängig von der Mithilfe ihrer Eltern, ihr eigenes Wörterlernen organisieren.

Wahrscheinlich wird die Lehrkraft beim ersten Wörterlernen die Kinder den Lernweg entlangführen. Bei einem nächsten Male aber kann sie beginnen, auch den Lernweg zum Thema zu machen. Dabei ist es sinnvoll, zwischen den notwendigen Lernschritten und den Übungen deutlich zu unterscheiden. Die Lernschritte, die zur notwendigen gedanklichen Durchdringung führen, müssen bei jedem Wort durchlaufen werden. Die Übungen, die dem Einprägen und Automatisieren dienen, stehen hingegen zur freien Verfügung. Die Kinder können sich daraus die Übung auswählen, die ihnen im Moment am meisten Spaß macht oder mit der sie am besten lernen können.

Damit die Kinder die Lernschritte später selbstständig durchlaufen können, ist es sinnvoll, sie kurz zu besprechen, auf eine Wandzeitung aufzuschreiben und diese im Klassenzimmer für jedermann sichtbar aufzuhängen. Sie könnten etwa folgendermaßen lauten:

Lernschritt 1: Lies das Wort ganz deutlich und zeige dabei die Buchstaben, die du gerade sprichst. Male Bögen unter das Wort.
Lernschritt 2: Überlege dir einen Satz, in dem das Wort vorkommt.
Lernschritt 3: Male die Stellen farbig, an denen du dir die Schreibweise besonders merken musst. Überlege dir den Merksatz dazu.

Lernschritt 4: Versuche das Wort auswendig in die Luft zu schreiben und kontrolliere, ob du richtig geschrieben hast.
Lernschritt 5: Übe, das Wort zu schreiben.

Wenn man die Lernschritte mehrmals ausführlich bespricht, sodass man sicher ist, dass die Kinder wissen, was gemeint ist, kann man sie an der Wandzeitung auch kürzer formulieren, z. B.:

1. Beweislesen, Bögen malen
2. Satz bilden
3. Besonderheiten bunt malen, Merksatz formulieren
4. Auswendig schreiben, kontrollieren
5. Einprägen

In späteren Schuljahren werden die Kinder allmählich vom Arbeiten mit Sprecheinheiten und Bögen wegkommen und sich stattdessen eher die Morpheme als Wortbausteine klarmachen. Entsprechend muss natürlich der erste Lernschritt umformuliert werden.

Nun wird man einige Male das Durchlaufen der Lernschritte und die Orientierung an der Wandzeitung mit den Kindern üben. Der fünfte Lernschritt aber ist unvollständig, denn natürlich wissen die Kinder nicht, wie man die Wörter üben kann. Deshalb bietet die Lehrkraft beim ersten Mal den Kindern eine Übung an, mit der alle Kinder alle ihre Wörter üben. Diese Übung bekommt dann einen Namen. Die Lehrkraft legt nun eine zweite Wandzeitung an, auf der diese Übung mit dem Namen notiert wird. Beim nächsten Wörterlernen bietet die Lehrkraft den Kindern eine neue Übungsform an. Alle Kinder müssen zwei ihrer Lernwörter mit der neuen Übung üben, damit sie diese Übungsform erlernen. Für die übrigen Übungswörter können sie auswählen, ob sie lieber die neue oder die erste Übungsform gebrauchen. Dabei kann es nötig sein, dass die Lehrkraft die Kinder noch einmal daran erinnert, wie die erste Übung ging. Auch die neue Übung bekommt einen Namen und wird an der Wandzeitung notiert. Auf diese Weise wird der Bestand an Übungsmöglichkeiten allmählich erweitert, sodass schließlich jedes Kind mindestens eine ihm angemessene Übungsform kennt, die es auswählen kann. Jedes Mal wird die neu eingeführte Übung mit Namen versehen, an der Wandzeitung notiert und von allen Kindern an einigen Lernwörtern ausprobiert, sodass die Kinder jederzeit auf sie zurückgreifen können.

Nachdem einige Male der Lernweg noch mit den Kinder besprochen und das Orientieren an der Wandzeitung geübt wurde, wird die Lehrkraft schließlich den Kindern nur noch eine Übungszeit zur Verfügung stellen, in der sie selbstständig arbeiten sollen. Das heißt nun aber durchaus nicht, dass es alle Kinder schon schaffen, diese Zeit sinnvoll zu nutzen. Einige Kinder, besonders solche, die von zu Hause sehr viel Anweisungen und Einengungen gewohnt sind, werden herumtrödeln, spielen oder träumen, anstatt zu arbeiten.

Das aber ist kein Grund, dieses selbstständige Arbeiten wieder abzuschaffen. Im Gegenteil, diese Kinder haben das Lernen des selbstständigen Arbeitens besonders nötig und brauchen einfach mehr Zeit, mehr Anleitung und die Erfahrungen dazu. Keine Lehrkraft würde aufhören, die Kinder im Schreiben zu unterrichten, nur weil es einige Kinder auch nach dem dritten

Versuch noch nicht können. Genauso wenig darf sie den Unterricht im selbstständigen Arbeiten aufgeben. Es kommt nun also eine Phase, wo sie diese Kinder, die ihre Zeit noch nicht nutzen, einzeln anleitet.

Dabei ist es zunächst wichtig, dass die Lehrkraft schaut, ob die Kinder wissen, wie sie die Wörter üben können, welche Wörter sie üben sollen usw. Denn selbstverständlich gibt es Kinder, die bei den allgemeinen Erklärungen nicht aufgepasst oder vielleicht auch gefehlt haben. Sie können aber nicht selbstständig arbeiten, wenn sie nicht wissen was und wie. Diese Kinder brauchen also einfach noch einmal eine Einzelanleitung. Wenn aber deutlich wird, dass die Kinder durchaus wissen, wie sie üben könnten, dann liegt es offensichtlich nur an der Motivation, dass sie nicht arbeiten. In der Schule ist es weitgehend üblich, mangelnder Motivation der Kinder durch Anweisungen und Gehorsamsforderungen zu begegnen. Das ist hier nicht nur unnötig, sondern sogar schädlich. Drängt und ermahnt die Lehrkraft die Kinder nun zum Arbeiten, so werden die Kinder das vielleicht aus Gehorsam der Lehrkraft gegenüber auch tun. Aber sie werden das Gefühl haben, für die Lehrkraft zu arbeiten. Das Üben wird eine Sache von Gehorchen oder nicht. Das eigentliche Ziel des Übens, dass man das Geübte hinterher besser kann, dass das Üben einem selbst also etwas bringt, geht dabei verloren. Sinnvoller ist es daher, wenn die Lehrkraft einfach freundlich auf die natürliche Folge des Nicht-Übens hinweist, also dem Kind z.B. sagt: „Du, wenn du jetzt nicht übst, wirst du die Wörter im nächsten Diktat wahrscheinlich nicht alle richtig schreiben."

Wenn das Kind daraufhin nicht anfängt zu üben, so lässt man es und hofft darauf, dass es die natürlichen Folgen davon erfahren wird.

Auch die Beratung der Kinder nach dem Diktat gehört zu der Anleitung zum selbstständigen Arbeiten. Ideal wäre es natürlich, wenn alle Kinder, die intensiv gearbeitet haben, null Fehler bekämen, während die, die nichts taten, alle zu übenden Wörter falsch schrieben. Aber so ist es natürlich nicht. Sondern da gibt es zunächst einmal die Kinder, die anscheinend intensiv geübt haben und trotzdem viele Wörter, die sie eigentlich können, falsch geschrieben haben. Im Abschnitt 3.3 wurde vorgeschlagen, dass die Kinder die Wörter in leichte und schwierige Wörter unterteilen und sich nur fünf bis zehn schwierige Wörter zum Üben aussuchen. Wörter, die als schwierig eingestuft und nicht geübt wurden, sollten nicht als Fehler gezählt werden, wenn sie falsch geschrieben werden. Den Zettel, auf dem sie die Wörter aufgeteilt und die zu übenden Wörter markiert haben, sollten sie mit dem Diktat abgeben. Dieser Zettel ist für die Beratung nach dem Diktat sehr wichtig.

Liegen die Fehler des Kindes hauptsächlich bei den als leicht eingestuften Wörtern, so ist deutlich, dass das Kind seine Rechtschreibfähigkeit noch nicht richtig einschätzt oder die Schwierigkeiten in den Wörtern noch nicht richtig erkennt. Die Lehrkraft kann dem Kind das erklären und ihm anbieten, ihm beim nächsten Wörtersortieren zu helfen. Hat das Kind die Fehler hauptsächlich in den Wörtern gemacht, die es üben wollte, so ist deutlich, dass es

- zu wenig geübt hat,
- falsch geübt hat oder
- sich zu viele Wörter zum Üben vorgenommen hat.

Hier ist es wichtig, dass die Lehrkraft dem Kind zeigt, dass es nur an einer dieser drei Möglichkeiten liegen kann, mit dem Kind überlegt, woran es wohl lag und wie man diese Ursache beheben kann. Sollte, was sehr selten ist, das Kind selbst äußern, dass es zu wenig geübt habe, aber eben keine Lust zum Üben habe, so kann die Lehrkraft dem Kind sagen, dass das Rechtschreiben wirklich wichtig ist, aber sie kann dem Kind trotzdem die freie Entscheidung überlassen, das Rechtschreiben eben noch nicht zu lernen. Kinder, die auf diese Weise *nicht* unter Druck gesetzt werden, ändern ihre Meinung und ihr Verhalten in der Regel bald und haben gleichzeitig die Erfahrung gemacht, dass sie als Persönlichkeiten ernst genommen wurden.

Es gibt aber auch Kinder, die alle geübten Wörter richtig schreiben, obwohl sie anscheinend die Zeit zum Üben der Wörter überhaupt nicht genutzt haben. Wenn solche Kinder auch viele von den als schwierig deklarierten und nicht geübten Wörtern richtig geschrieben haben, so ist deutlich, dass sie ihre Rechtschreibfähigkeit zu niedrig einschätzten, entweder, weil sie große Angst vor Fehlern haben und absolut sicher sein wollen, kein Wort falsch zu schreiben, oder weil sie durchschaut haben, dass man auf diese Weise auch ganz ohne Anstrengung Erfolg haben kann. Je nach Sachlage kann die Lehrkraft die Kinder dann ermutigen, doch etwas mehr zu riskieren, weil ein oder zwei Fehler gar nicht schlimm seien, oder sie kann den Kindern deutlich zeigen, dass sie zwar keine Fehler im Diktat haben, dass sich aber die Zahl der richtig geschriebenen Wörter noch deutlich erhöhen würde, wenn sie ihre Strategie änderten. Die letzte Entscheidung darüber liegt aber immer beim Kind.

Sollte es sich aber zeigen, dass ein Kind tatsächlich bei den nicht geübten schwierigen Wörtern viele Fehler hat, die geübten und die leichten Wörter alle richtig schrieb, so ist es höchstwahrscheinlich, dass dieses Kind gut gearbeitet hat, obwohl die Lehrkraft einen anderen Eindruck davon hatte. Ein ausgesprochen langsam lernender Junge in einem zweiten Schuljahr z.B. entwischte während der Übungszeit in die Spielecke, sobald irgendein schneller arbeitendes Kind sich dort sehen ließ. Trotzdem zeigte sich bei den Diktaten, dass er seine Wörter gut geübt hatte. Dieser Junge kam mit dem Schulbus aus einem winzigen Weilerdorf, wo er keinen einzigen Spielgefährten hatte. Er nutzte die Schulzeit, um möglichst viel mit anderen Kindern zu spielen, und zog es vor, zu Hause am Nachmittag selbstständig seine Wörter zu lernen. Selbstverständlich wurde dieses Verhalten völlig toleriert, denn es zeigt eine sehr vernünftige Situationsbewältigung.

Beim freien Schreiben kontrolliert ein Partner den Lernerfolg im Partnerdiktat. Hier hängt es von dem Lernklima in einer Klasse ab, wie weit Lernmisserfolge offen zugegeben und dadurch zum Beratungsanlass werden können.

4 Das Erlernen übergeordneter Strategien zum Bewältigen ungeübter Schreibungen

Bisher wurde dargelegt, wie beim Erlernen einzelner Wörter ein implizites Regellernen mit gefördert werden kann, sodass sich das Erlernen des Grundwortschatzes nicht in einem gedankenlosen Eindrillen von Schreibungen erschöpft und die Regelbildung bei den Kindern nicht dem Zufall mit all seinen Um- und Irrwegen überlassen wird. Bei dem reichen Schatz unserer Sprache an Wörtern und Wortformen kann allerdings nur ein kleiner Bruchteil dessen, was der Erwachsene später schreiben muss, geübt werden. Von daher muss es das Ziel des Rechtschreibunterrichts sein, die Schreiber und Schreiberinnen schließlich zu befähigen, auch ungeübte Wörter und Wortformen richtig zu schreiben. Die beim Erlernen des Grundwortschatzes angestrebte implizite Regelbildung dient, neben ihrer Funktion als Gedächtnisstütze, letztlich schon dazu, die Regelanwendung auch bei ungeübten Wörtern zu fördern. Eine ganze Reihe geistig kreativer Kinder wird allein durch das Wörterlernen fähig, Regeln anzuwenden. Möchte ein solches Kind z.B. das noch nie geschriebene Wort „erklimmt“ schreiben, so fällt ihm sofort in Analogie zu „es stimmt“ ein, dass das Wort vielleicht mit Doppel-m geschrieben werden muss. Ihm ist auch durch die vielen Beispiele, die es schon im Grundwortschatz gelernt hat, selbstverständlich, dass es die Grundform bilden muss, um seine Hypothese zu überprüfen. Das in diesem Bereich unbeholfene Kind aber wird das Wort ohne weiteres Nachdenken hinschreiben, mit einem m. Oder es ist vielleicht unsicher, ob m oder mm zu schreiben sei, weiß aber nicht, wie es die Schreibweise überprüfen kann. Für diese Kinder muss ein systematisches Training im Anwenden übergeordneter Rechtschreibstrategien bei nicht geübten Schreibungen erfolgen. Dabei geht es einerseits darum, die Denkbewegungen und Schlussfolgerungen, die ab dem zweiten Schuljahr schon implizit geübt wurden, noch einmal bewusst zu machen, sodass das Kind, das schon zweifelt, bewusst lernt, wie es die Schreibweise kontrollieren kann. Andererseits gilt es zu lernen, die Signale zu beachten, die diese Denkbewegung auslösen müssen, sodass die Kinder, die noch ganz naiv drauflosschreiben, lernen, an den richtigen Stellen erst einmal zu zweifeln, um dann durch die richtige Überprüfungsmethode die richtige Schreibweise herauszufinden.

Diese Strategien müssen in kleinen Schritten geübt und dann in ihrer Anwendung auch eingefordert werden. Das heißt, sobald diese Strategie ausreichend geübt wurde, müssen in den Diktaten auch Wörter vorkommen, die die Kinder vorher noch nicht geschrieben haben, deren Schreibweise sie sich aber über die Anwendung der erlernten Strategie erschließen können.

4.1 Der Grundaufbau einer solchen Strategievermittlung

Obwohl die Strategien den Kindern vom Wörterlernen her schon bekannt sind, ist eine nochmalige Einführung des Rechtschreibphänomens auf einer höheren kognitiven Ebene sinnvoll. Dabei geht es darum, den Kindern diese Schreibweise der Wörter als eine Lesehilfe begreiflich zu machen. Durch die immer gleiche Schreibung kann der Leser die Morpheme schneller erkennen. Gleichzeitig muss aber das Problem für die Rechtschreibung ganz deutlich werden, wobei die Grundregel der lautgetreuen Schreibung betont und das vorliegende Phänomen als die seltenere Besonderheit dagegen abgehoben wird. Für die Kinder muss auch ganz deutlich werden, dass sie diese besondere Schreibweise nicht spontan hören, sondern allenfalls durch Wortumbildungen hörbar machen können.

Sollen die Kinder beispielsweise lernen, den doppelten Mitlaut bei konjugierten Verben mit grammatischem t zu erkennen (vgl. Abschnitt 4.2.3), so ist es sinnvoll, ihnen erst einmal den Zusammenhang der verschiedenen Verbformen und den bei den schwachen Verben überall gleichen Wortstamm zu zeigen. Allenfalls der Vokal muss manchmal der Aussprache entsprechend anders geschrieben werden (er nennt – er nannte). Sodann muss man sehr deutlich machen, dass der doppelte Konsonant in der Grundform durch die Pilotsprache hörbar zu machen ist, in den Formen mit grammatischem t aber nicht mehr.

In einem zweiten Schritt müssen die beim Wörterlernen schon immer mitgeübten Strategien noch einmal bewusst gemacht werden. Die Kinder sollen nun also bewusst lernen und üben, zu jedem Verb mit grammatischem t die Grundform zu suchen. Dabei kann es sein, dass einige Kinder dieses Finden der Grundform durchaus länger üben müssen, weil hier erst eine für manche Kinder neue Einsicht in die Zusammenhänge unserer Sprache bewusst zu machen ist. Besonders aber die komplizierteren Strategien, z.B. das Auseinandernehmen von Wörtern, um den Wortstamm zu verlängern (Freundschaft – Freund – Freunde), müssen von allen Kindern in einer längeren Übungssequenz gefestigt werden, damit sie auch ungeübt zur Verfügung stehen.

Hier kann also durchaus einmal an Wortreihen gearbeitet werden, zu denen jeweils die Ableitungsform, an der die Schreibweise hörbar wird, dazuzuschreiben ist. Damit den Kindern der Sinn ihrer Tätigkeit dabei auch bewusst bleibt, sollten sie aber auch den Buchstaben, der in der vorgegebenen Form nicht, in der Ableitung aber eindeutig vom Hören her erkennbar ist, farbig kennzeichnen, in unserem Beispiel also den doppelt zu schreibenden Buchstaben. Da diese Wortreihen die Funktion haben, an etwas längst Bekanntes zu erinnern und es dem bewussten Zugriff verfügbar zu machen, reichen pro Wiederholung fünf bis sieben Wörter, an denen diese Strategie vollzogen wird. Sehr wichtig aber ist es, diese Wiederholungen über einen längeren Zeitraum regelmäßig einzuplanen (vgl. Abb. 2).

Über diese im Rechtschreibunterricht weitgehend übliche Methode hinaus müssen aber auch die Signale erarbeitet werden, auf die hin diese Nachdenkstrategien einsetzen sollen, und ihre Beachtung ist sorgfältig einzuüben. In unserem Beispiel wird also das Beachten des grammatischen t in der Verb-Endung intensiv zu üben sein. Das Einüben der Strategien bringt

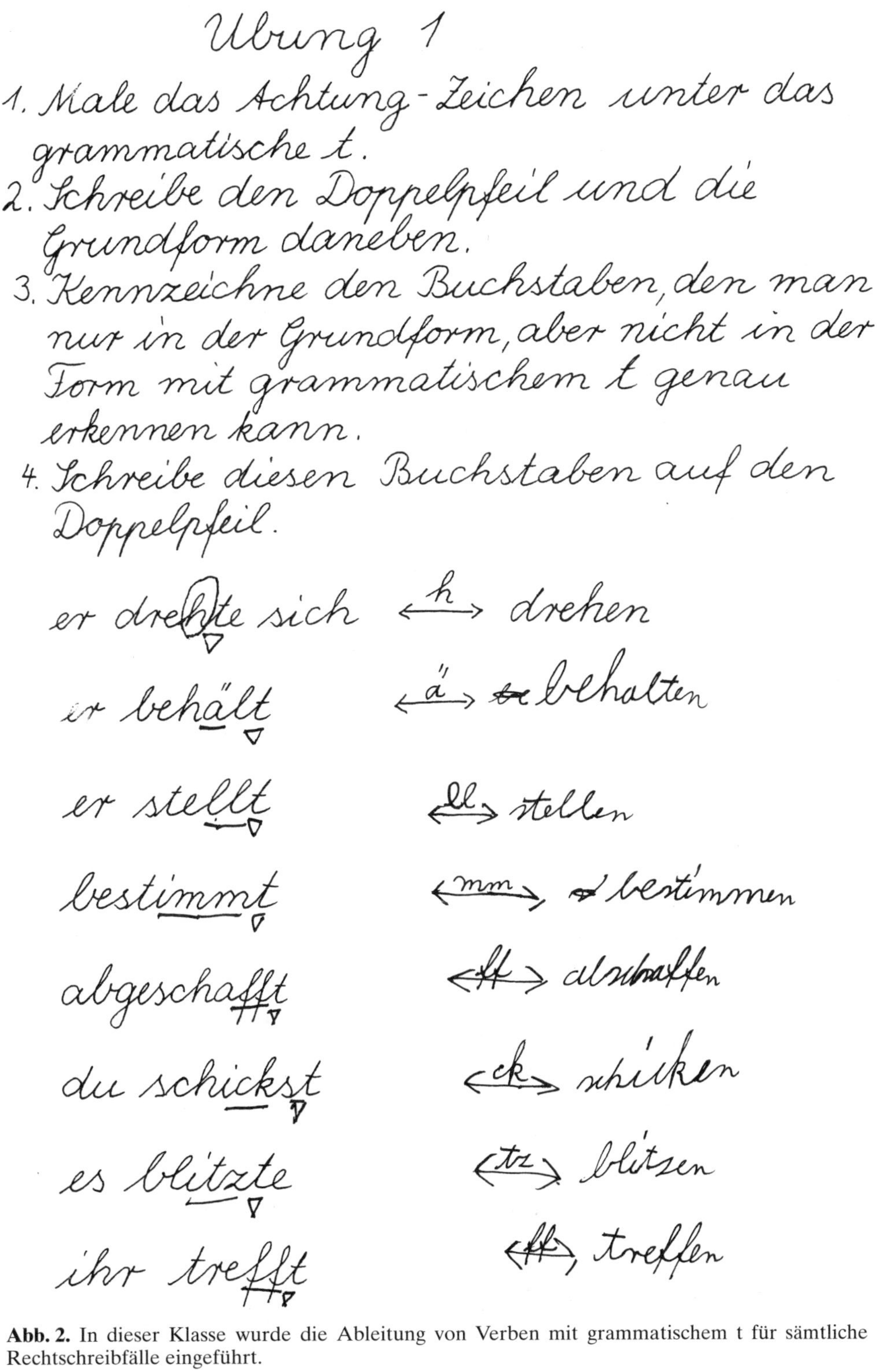

Ubung 1

1. Male das Achtung-Zeichen unter das grammatische t.
2. Schreibe den Doppelpfeil und die Grundform daneben.
3. Kennzeichne den Buchstaben, den man nur in der Grundform, aber nicht in der Form mit grammatischem t genau erkennen kann.
4. Schreibe diesen Buchstaben auf den Doppelpfeil.

er drehte sich ←h→ drehen
er behält ←ä→ behalten
er stellt ←ll→ stellen
bestimmt ←mm→ bestimmen
abgeschafft ←ff→ abschaffen
du schickst ←ck→ schicken
es blitzte ←tz→ blitzen
ihr trefft ←ff→ treffen

Abb. 2. In dieser Klasse wurde die Ableitung von Verben mit grammatischem t für sämtliche Rechtschreibfälle eingeführt.

nichts, solange diese Strategien nicht auch zur richtigen Zeit eingesetzt werden. Deshalb müssen möglichst ganz konkrete Signale gefunden werden, die dann im Schreibprozess wie ein Stoppschild auf die Kinder wirken: „Achtung, hier mußt du aufpassen und die bestimmte Überprüfungsstrategie einsetzen, wenn du das Wort nicht schon sehr gut kennst.“

Je nach Rechtschreibfall können die Signale in bestimmten Buchstaben am Wort- und Silbenende bestehen (b, p, d, t, g, k), in bestimmten Morphemen (z. B. Flexionsmorpheme mit t bei Verbformen) oder z. B. in Satzzeichen oder einzelnen Wörtern, die auf grammatikalisch bedingte Rechtschreibbesonderheiten hinweisen.

Das Erkennen dieser Signale kann man die Kinder zunächst an einzelnen schriftlich vorgegebenen Sätzen üben lassen. Darin kennzeichnen sie die Wörter, an denen ihnen die Nachdenkstrategie zum Erkennen der richtigen Schreibweise geholfen hätte. Schwieriger wird es schon, wenn ein kurzer Text vorgegeben ist, bei dem die Kinder nicht mehr sicher sind, ob dieses Rechtschreibphänomen in jedem Satz auftaucht (Abb. 3). Auf der nächsten Schwierigkeitsstufe schreiben die Kinder selbst Sätze nach Diktat und prüfen anschließend den niedergeschriebenen Text auf die Signale hin. Danach kann diese Strategie den Kindern auch schon im Diktat abverlangt werden. Es muss ihnen aber anschließend genügend Zeit gelassen werden, um den Text noch einmal auf die gelernten Signale hin durchzuarbeiten.

Haben die Kinder also das Erkennen des doppelten Mitlautzeichens bei Verben mit grammatischem t geübt, so müssen sie angeleitet werden, im Anschluss an das Schreiben eines Übungsdiktates den Text noch einmal durchzulesen, die Verben mit grammatischem t herauszusuchen und ihre Schreibweise zu überprüfen. Am besten ist es, wenn die Kinder das t in der Verb-Endung farbig kennzeichnen, damit die Lehrkraft erkennen kann, woran es lag, wenn ein Kind eines dieser Wörter doch noch falsch geschrieben hat: ob es das grammatische t nicht erkannt oder die Ableitung nicht richtig vollzogen hat.

Schließlich bleibt als rechtschreibsportliche Leistung zu trainieren, die Signale schon vor dem Niederschreiben des Wortes zu erkennen, sodass die Kinder schon vorher über die Schreibweise nachdenken und keine Korrektur mehr nötig haben. Am Beispiel der Auslautverhärtung bei b-p, d-t, g-k soll der Aufbau einer solchen Strategievermittlung noch einmal verdeutlicht werden.

1. Schritt: An dem Beispielsatz: „Wer Wirt wird, wird Wirt.“, etwa kann man den Kindern gut verdeutlichen, dass man diese Wörter vom Klang her nicht unterscheiden und den mündlich gesprochenen Satz nur schwer auf Anhieb verstehen kann. Wenn man den Satz liest hingegen, versteht man ihn sofort. Man kann dann erarbeiten, dass die Schreibung mit d bei „wird“ eine Lesehilfe ist, die uns sofort zeigt, dass dieses Wort zu dem Wort „werden“ gehört, in dem man den Laut /d/ deutlich hört und deshalb auch schreiben muss. Durch diese Lesehilfe wird das Lesen leichter, das Schreiben aber schwieriger.
2. Schritt: Nun kann man die Kinder erst einmal Wörter mit solch einer Lesehilfe sammeln lassen. Natürlich werden die Kinder dabei auch Wörter mit h als Längenzeichen und andere Lesehilfen nennen, denn auch bei diesen Wörtern haben sie ja schon gelernt, dass das eine Lesehilfe ist.

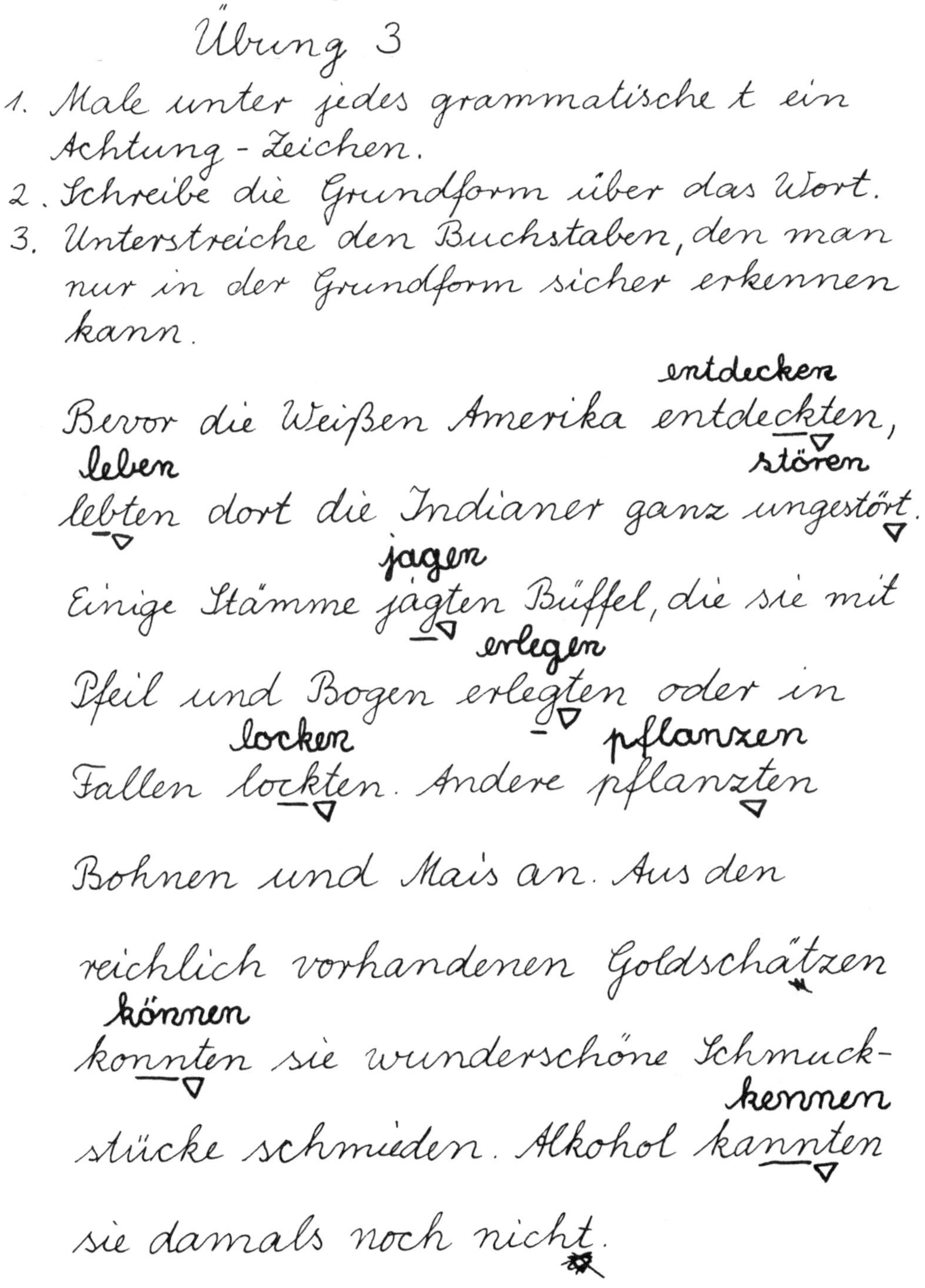

Übung 3

1. Male unter jedes grammatische t ein Achtung-Zeichen.
2. Schreibe die Grundform über das Wort.
3. Unterstreiche den Buchstaben, den man nur in der Grundform sicher erkennen kann.

entdecken
Bevor die Weißen Amerika entdeckten,
leben stören
lebten dort die Indianer ganz ungestört.
jagen
Einige Stämme jagten Büffel, die sie mit
erlegen
Pfeil und Bogen erlegten oder in
locken pflanzen
Fallen lockten. Andere pflanzten
Bohnen und Mais an. Aus den
reichlich vorhandenen Goldschätzen
können
konnten sie wunderschöne Schmuck-
kennen
stücke schmieden. Alkohol kannten
sie damals noch nicht.

Abb. 3. Hier hat ein Kind in einem Text die grammatischen t aufgesucht und sich dabei noch einmal geirrt. Diese Strategie wird also von diesem Kind noch nicht sicher beherrscht.

Man schreibt aber nur die Wörter mit d, b und g im Auslaut an, eventuell schon in drei Gruppen geordnet. Die Kinder suchen dann zu jedem Wort eine Form, in der man den weichen Laut deutlich hört, und schreiben sie daneben.
Diese zwei Schritte sind ein erstes Bewusstmachen des Phänomens und ein Aktivieren des Wissens aus der Grundschulzeit. Nun muss aber die Systematisierung erfolgen, die einen Transfer auf noch ungeübte oder vergessene Wörter ermöglicht.

3. Schritt: Deshalb erarbeiten wir nun mit den Kindern, wie sie denn die einzelnen Wörter verlängern müssen, um zu erkennen, ob diese Wörter eine Lesehilfe brauchen. Bei Substantiven wird in der Regel die Mehrzahl gebildet, und zunächst werden auch möglichst nur diese Substantive ausgewählt. (Also die Wörter Park, Staub und Laub nimmt man erst später durch!) Bei Adjektiven wird die erste Steigerungsform gebildet (gelb-gelber) und bei Verben wird die erste Person Plural mit „wir“ davor gebildet. (Da diese Verbformen mit Auslautverhärtung kein grammatisches t enthalten, wird auf keinen Fall die Grundform, sondern unbedingt die „wir“-Form gebildet. Bei der Auslautverhärtung spielt das zwar noch keine so große Rolle, aber bei vielen starken Verben, die in der Vergangenheitsform ja kein grammatisches t haben, führt die Bildung der Grundform zu Fehlern. Nur wenn das Bilden der „Wir“-Form geübt wurde, werden Fehler vermieden, z. B. bei er begriff, er traf, er saß usw.)
   Dieses Verlängern der Wörter kann nun auch an einzelnen Wortreihen geübt werden. Je nach Leistungsstand der Klasse nimmt man gleich alle drei Wortarten durcheinander, sodass die Kinder bei jedem Wort selbstständig überlegen müssen, auf welche Weise sie es verlängern müssen, oder man lässt erst einmal an einer bestimmten Wortart das Verlängern einschleifen. (Vgl. Abb. 4)
4. Schritt: Das alles entsprach noch völlig dem bisher in der Schule üblichen Regellernen. Nun aber müssen wir die Kinder anleiten, die Signale zu erkennen, bei denen sie die nun geübte Strategie der Verlängerung anwenden müssen. Da die Kinder die Wörter beim Diktat- oder Aufsatzschreiben ja zunächst nicht sehen, sondern hören oder vor sich hin (lautlos) artikulieren, muss man zunächst von einem akustisch-artikulatorischen Signal ausgehen, nämlich von den Lauten /p/, /t/ und /k/ am Wortende. Da die akustischen Signale aber so flüchtig und deshalb so schwer zu erkennen sind, nehmen wir als visuelles Signal die beiden am Wortende möglichen graphemischen Alternativen zu diesem Laut, nämlich b/p, d/t und g/k. Die Kinder üben nun an vorgegebenen Sätzen oder kleinen Texten, diese Signale aufzusuchen und als Auslöser für das Verlängern zu gebrauchen. Sie malen unter diese sechs Buchstaben am Wortende ein Achtung-Zeichen und schreiben die Verlängerung, mit deren Hilfe sie bei selbst geschriebenen Texten ihre Schreibung überprüfen könnten, über das Wort (vgl. Abb. 5). (Es ist sinnvoll, die Ableitung der Wörter mit Auslautverhärtung erst einzuführen, wenn die Ableitung der Wörter mit grammatischem t schon gut gefestigt ist und einige Zeit zurückliegt. Dann kann man ihnen deutlich machen, dass sie die Personalform der Verben mit t in der Endung nach dem Wortstamm ja schon kennen und wissen, dass dieser Laut immer t geschrieben wird. Diese Wörter

Übung 1

Schreibe neben jedes Wort die richtige Verlängerung:

Nomen – Mehrzahl: Kalb – Kälber

Adjektive – Steigerung: gelb – gelber

Verben – Verbform mit wir:
er gab – wir gaben

Rad –
Berg
blöd
sie schrieb
hungrig
blühend
breit
Welt
Pferd
er trug
sie riet (ein Rätsel)
er grub (ein Loch)
eng
stark
grob
Zelt
Gegend
Ausfahrt
bunt
es lag

Abb. 4

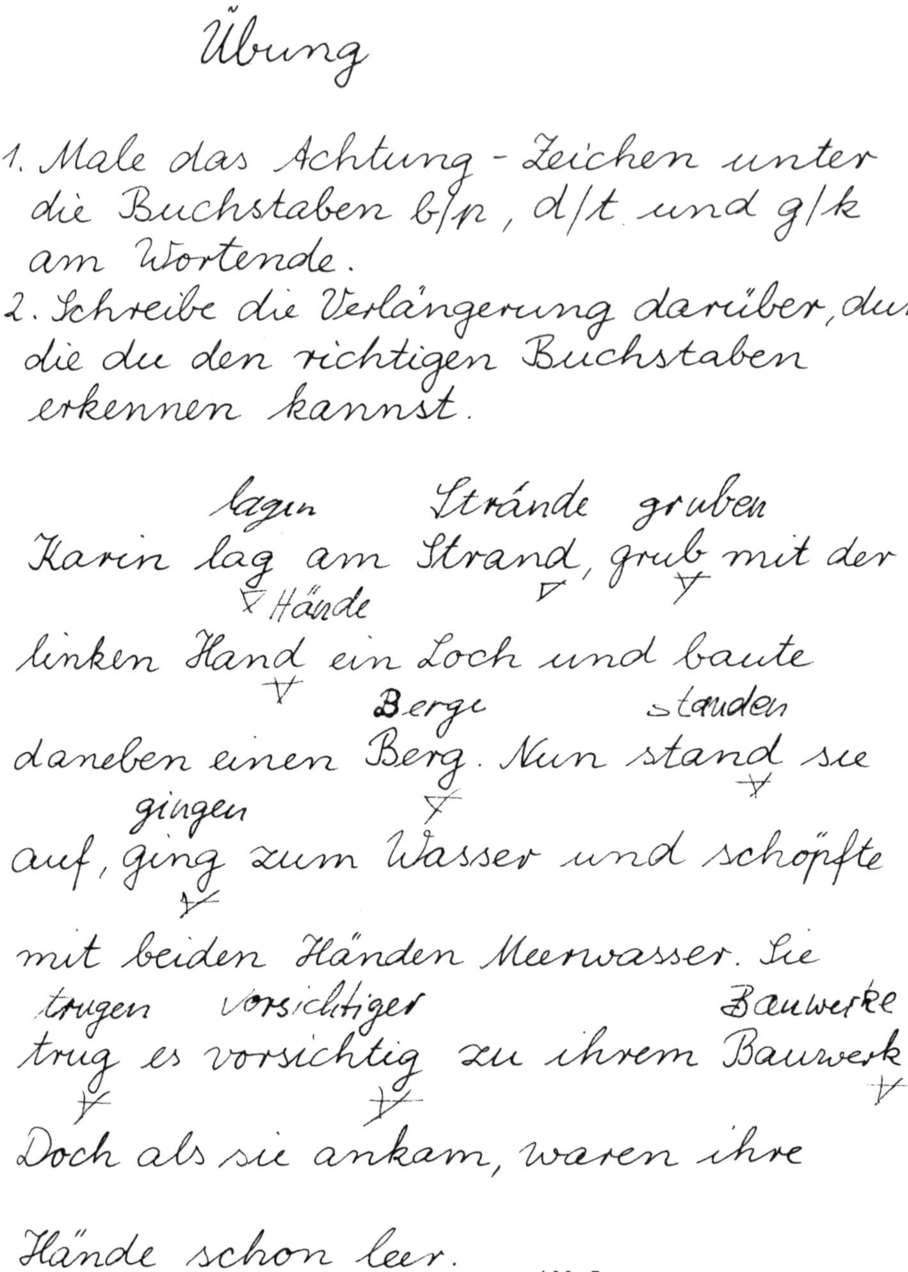
Übung

1. Male das Achtung-Zeichen unter
die Buchstaben b/p, d/t und g/k
am Wortende.
2. Schreibe die Verlängerung darüber, durch
die du den richtigen Buchstaben
erkennen kannst.

lagen Strände gruben
Karin lag am Strand, grub mit der
Hände
linken Hand ein Loch und baute
Berge standen
daneben einen Berg. Nun stand sie
gingen
auf, ging zum Wasser und schöpfte
mit beiden Händen Meerwasser. Sie
trugen vorsichtiger Bauwerke
trug es vorsichtig zu ihrem Bauwerk.
Doch als sie ankam, waren ihre
Hände schon leer.

Abb. 5

brauchen sie nicht zu verlängern. Eventuell ist es aber auch möglich, diese Verbformen bei der Einführung der Signalbeachtung zu vermeiden.)

5. Schritt: Nun können die Kinder üben, dieselbe Strategie bei selbst geschriebenen Sätzen oder Texten anzuwenden. Dabei ist es sinnvoll, dass

sie zunächst wirklich alle Signale kennzeichnen und die Verlängerung dazuschreiben, damit die Lehrkraft erkennen kann, an welchem Punkt die Kinder eventuell noch Schwierigkeiten haben.

6. Schritt: Als Abschluss einer solchen Sequenz kann diese Strategie nun in einem Diktat überprüft werden, in dem durchaus viele Wörter mit Auslautverhärtung vorkommen, die in dieser Form vorher nicht geübt wurden, allenfalls bei ungebräuchlichen Wörtern in der verlängerten Form. Soll in dem Diktat etwa das Wort „Steg" vorkommen, so könnte es sein, dass einige Kinder das Wort nicht kennen. In diesem Fall muss man natürlich erarbeiten, was Stege sind. Aber man muss nicht mehr unbedingt das Wortbild „Steg" üben.
   Wichtig ist, dass man nach dem Diktieren des Textes den Kindern genügend Zeit lässt, die gelernte Strategie anzuwenden, die Signale aufzusuchen und die Wörter zu verlängern.

Selbstverständlich darf man die Kinder nicht überfordern und ganz unterschiedliche Signale gleichzeitig einführen. Erst wenn das Beachten eines Signals und die darauf folgende Anwendung der richtigen Nachdenkstrategie so weit automatisiert ist, dass sie keine Mühe mehr macht, kann das nächste Rechtschreibphänomen und die dafür nötige Nachdenkstrategie mit ihren Auslösesignalen eingeführt werden.

Je nach intellektueller Kapazität der Kinder kann man Signale, die eine bestimmte Strategie auslösen sollen, noch in Untergruppen aufteilen und dadurch Gelegenheiten zum Wiederholen derselben Strategie schaffen, ohne dass die Kinder den Eindruck haben, immer das Gleiche durchzunehmen. So wird man im fünften Schuljahr eines Gymnasiums wahrscheinlich die Kinder anleiten, sofort auf b, p, d, t, g und k am Wortende zu achten, um mit der Verlängerung zu prüfen, ob der Laut durch den richtigen Buchstaben wiedergegeben wurde. Für Hauptschüler hingegen wird man die drei Buchstabenpaare einzeln einführen und auf diese Weise natürliche Wiederholungsanlässe schaffen. Auch bei Verben mit der t-haltigen Flexionsendung wird man für Hauptschüler wahrscheinlich jeden Rechtschreibfall einzeln einführen (er schläft – schlafen, er schreibt – schreiben, er dreht – drehen), während man im Gymnasium nach einer ersten Einführung auch alle Rechtschreibfälle gleichzeitig bringen kann.

Bei der Einführung der übergeordneten Rechtschreibstrategien gilt es noch, eine Falle zu umgehen. Immer wieder wird einem von Laien oder auch Lehrern entgegengehalten, man dürfe doch den Kindern solche Strategien nicht beibringen, denn ihre Anwendung führe immer wieder auch zu Fehlern. Es ist richtig, dass es zu jeder Strategie Ausnahmen gibt, bei denen die Anwendung dieser Strategie zu Fehlern führt. Diese Ausnahmen sind Lernwörter. Sie müssen dem Lehrer bekannt sein, und er muss sie in Diktaten, bei denen die Kinder die Strategie das erste Mal einsetzen sollen, vermeiden. Wenn z. B. gerade geübt wurde, wie man bei Verbformen den doppelten Mitlaut durch Ableitung hörbar macht, sollte das Wort „nimmt" unbedingt vermieden werden. Wenn die Kinder gerade geübt haben, die Vorsilbe „ver" zu erkennen, indem sie prüfen, ob das Wort auch ohne diese Silbe einen Sinn gibt, so darf man ihnen zwar gerne etwas über die „Ferse des Ferkels" diktieren, das Wort „verlieren" sollte aber unbedingt vermieden werden. Etwas später müssen diese Wörter dann als Ausnahmen ins Lernwörterheft eingetragen und intensiv geübt werden. Danach dürfen sie auch wieder in Diktaten vorkommen.

4.2 Die Strategien im Einzelnen

4.2.1 Großschreibung am Satzanfang

Die erste generalisierte Strategie, die den Kindern vermittelt werden muss, ist die Großschreibung am Satzanfang. Auslösendes Signal ist das Satzschlusszeichen des vorhergehenden Satzes.

Stufen des Lernprozesses:
- Satzschlusszeichen und große Anfangsbuchstaben farbig markieren.
- Nur noch Satzschlusszeichen markieren, Satzanfang prüfen.
- Überprüfung ohne jede Markierung.

4.2.2 Das Erkennen des langen i

Sehr gut ist es, wenn die Kinder sehr früh lernen, das lange i zu erkennen und spontan als ie zu schreiben, weil damit eine große Anzahl kognitiver Zusätze überflüssig wird. Grundregel: Das /i:/ in offenen Silben, das heißt in Silben, die auf /i:/ enden, ist immer lang und wird deshalb meist als ie geschrieben (Reuter-Liehr, mündl. Mitteilung 1988). Die Kinder zeigen das

Abb. 6

beim Wörterschwingen durch ein Looping im Silbenbogen an. Die Silbenbögen zu „Ziege“ würde man also folgendermaßen in die Luft schwingen:  . Beim Schreiben kann man den Bogen bis zum i-Punkt durchziehen (vgl. Abb. 6).

Das ie kommt aber auch in geschlossenen Silben vor (das Ziel, du schiebst). Hier müssen die Kinder schon früh lernen, die Grundform bei Verben zu bilden oder die Mehrzahl bei Substantiven oder bei Adjektiven die erste Steigerungsstufe, um das lange i sicher zu erkennen.

Signal, das diese Strategie auslösen soll: jeder lang erscheinende i-Laut (wenn die Kinder diese Strategie zunächst lange genug an offenen Silben übten, erwerben sie ein intuitives Gespür für Länge oder Kürze des i, das sie durch solche Strategien prüfen und damit festigen können).

Gefahrenpunkte:

- Wörter, die auf -ig (z.B. wenig) oder -ik (z.B. Musik) enden, haben in Wortformen mit Deklinationsendungen eine offene Silbe (wenige, Musiker). Das i wird nicht als ie geschrieben.
- Alle Wörter, in denen das lange i als einfaches i geschrieben wird, wie z.B. Tiger, Benzin, Rosine usw. Während die Kinder diese Strategie zum Erkennen des langen i lernen, sollten solche Wörter überhaupt nicht vorkommen. Später werden solche Wörter als Lernwörter nach und nach eingeführt. Und erst mit sehr deutlichem Abstand kann die Zusatzregel, dass Wörter mit der Endung -ine und Fremdwörter nicht mit ie geschrieben werden, eine Hilfe zum Erlernen dieser Lernwörter sein.
- Es gibt ein paar Wörter, bei denen das ie nicht ans Silbenende zu bringen ist, z.B. *hier, sie liest, sie hielt, sie stiehlt*. Diese Wörter sind dann Merkwörter und müssen extra gelernt werden.

4.2.3 Ableitung von Verben mit grammatischem t

Verben sind in der Grundform häufig lautgetreu (z.B. gehen, sagen, rennen), da durch die an den Wortstamm angehängte Grundformendung -en der letzte Konsonant des Wortstammes als Silbenanfang fungiert und daher deutlich gesprochen werden kann. Bei allen mit Konsonanten beginnenden Flexionsmorphemen aber (-st, -t, -te, -test, -tet, -ten) ändert sich die Silbenstruktur so, dass der letzte Buchstabe des Wortstammes häufig nicht mehr deutlich sprechbar und auditiv-artikulatorisch diskriminierbar wird. Da alle diese Flexionsendungen ein t enthalten, kann man dieses t als Signal nehmen, welches anzeigt, dass man hier erst die Grundform bilden muss, um sich die richtige Schreibweise zu erschließen.

Man kann den Kindern gegenüber gut deutlich machen, dass es sich bei diesen Flexionsendungen um grammatikalische Endungen handelt, und deshalb dieses t als grammatisches t bezeichnen (Reuter-Liehr, mündliche Mitteilung 1986). Das empfiehlt sich als Abgrenzung gegen andere Wörter mit t im Wortstamm, bei denen natürlich keine Ableitung gebildet werden kann und muss.

Diese Strategie der Ableitung von Verben deckt sehr viele unterschiedliche Rechtschreibfälle ab. Sie kann für diese verschiedenen Rechtschreibphänomene einzeln eingeübt werden, insbesondere, wenn die Kinder auch erst üben müssen, aus der Lautung der Grundform die richtige Schlussfolgerung für die konjugierte Form zu ziehen. Damit ergeben sich viele Anlässe für eine Wiederholung dieser Strategie, sodass sie gut zu einer generalisierten Strategie ausgebaut werden kann.

Folgende Gruppen lassen sich bilden:

- Verben mit ie (Ableitung zum Erkennen der offenen Silbe, z.B. er zielt – zie-len),
- Verben mit doppelt notiertem Mitlautzeichen (du rennst – ren-nen, er rannte – ren-nen),
- Verben mit Konsonanten am Ende des Wortstammes, die der kombinatorischen Verhärtung unterliegen (b, d, g, s, z.B. er reibt – rei-ben),
- Verben mit ä in flektierten Formen, welches in der Grundform zu a wird (er hält – halten),
- Verben mit h am Ende des Wortstammes (er geht – gehen).

Wenn man diese Strategien den Kindern in Übungen oder gar Diktaten abverlangt, so muss man die Ableitmöglichkeit der Verben vorher kontrollieren. Es gibt einige Fallen, bei denen die Ableitung genau zu falschen Entscheidungen oder jedenfalls nicht zur Klärung führt. Solche Wörter dürfen natürlich nicht im Zusammenhang mit der Übung dieser Strategie vorkommen. Sie müssen deutlich später, wenn diese Strategie schon gut geübt ist, als Lernwörter eigens eingeführt werden, mit dem Hinweis, dass hier die übliche Strategie in die Irre führt.

Solche Ausnahmen sind z.B.:

- Verben, die auch in der Grundform ein ä enthalten, weil sie erst in einem zweiten Schritt von einem Wort mit a ableitbar sind (z.B. er kämmt, er schält),
- Verben mit nicht ableitbarem doppeltem Mitlautzeichen (er nimmt – nehmen, er tritt – treten),
- Verben mit nicht ableitbarem ie bzw. ieh (er sieht – sehen, er stiehlt – stehlen, er empfiehlt – empfehlen, er hielt – halten).

Diese Liste ist wahrscheinlich noch ergänzungsbedürftig.

In diesem Zusammenhang darf man auch nicht erwarten, dass die Kinder starke Verben im Imperfekt (z.B. er kam, er erschrak, er saß, er pfiff) richtig schreiben. Das Zurückführen auf die Grundform führt hier ausgesprochen in die Irre (er kam – kommen, er erschrak – erschrecken, er saß – sitzen, er pfiff – pfeifen). Diese Verbformen haben auch kein grammatisches t, ihre Schreibung ist mit dieser Strategie nicht zu erschließen, und es wäre ein ausgesprochener Lehrfehler, wenn Lehrer in diesem Zusammenhang den Kindern auch die Schreibung solcher Verbformen abverlangen würden. In der zweiten Person Singular und Plural haben auch die starken Verben im Imperfekt ein grammatisches t (du kamst, ihr kamt). Diese Verbformen sind im Schriftdeutschen äußerst selten, da sie nur in der schriftlich referierten wörtlichen Rede in Betracht kämen, die dann im Imperfekt recht gestelzt klingen würde. Die Lehrer und Lehrerinnen sollten daher auf das Üben und Abfragen dieser Verbformen im Rechtschreibunterricht verzichten. Schreiber und Schreiberinnen kommen normalerweise erst dann in die Situation, eine solche Verbform von sich aus zu gebrauchen, wenn ihnen der Umgang mit starken Verben im Imperfekt schon so geläufig ist, dass ihnen dann diese Schreibweise kein Problem mehr macht.

4.2.4 Die Verlängerung von Wörtern

Eine ebenso wirksame generalisierbare Strategie ist das Verlängern von Wörtern, die mit dem Wortstamm enden. Das Problem ist nur, dass hier das Signal für die Anwendung dieser Strategie weniger eindeutig und schwerer zu erlernen ist.

Eine erste Einführung kann an dem Beispiel der Auslautverhärtung stattfinden. Die Laute /p/, /t/ und /k/ am Wortende können als Signal genommen werden, das Wort zu verlängern und die Schreibweise zu überprüfen. Da die auditiv-artikulatorischen Signale durch ihre kurze zeitliche Präsenz immer schwer zu erkennen sind, nimmt man zunächst als visuelle Signale die Buchstaben b-p, d-t oder g-k am Wortende, um das geschriebene Wort bei einem Korrekturdurchgang noch einmal zu überprüfen.

Die Möglichkeiten, wie man die Wörter verlängern kann, kann man für die einzelnen Wortarten gesondert einführen und damit gleich das Erkennen der Wortarten trainieren, was für das Erlernen der Großschreibung günstig ist. Substantive können meist durch Mehrzahlbildung so verlängert werden, dass der letzte Buchstabe des Wortstammes den Anfang einer neuen Silbe bildet (das Werk – die Werke, der Zwerg – die Zwerge). Adjektive kommen nur im Prädikat ohne Deklinationsendung vor und können dort am besten durch Davorsetzen von „noch“ und Bilden der ersten Steigerungsform verlängert werden. (Die Wand ist weiß. Die Wand ist noch weißer).

Verben, die mit dem Wortstamm enden, können durch Davorsetzen von „wir“ und Bilden der dazugehörenden Flexionsform verlängert werden (er schob – wir schoben, er saß – wir saßen, er blies – wir bliesen). Obwohl bei einigen dieser Beispiele auch das Bilden der Grundform zum Ziel führenwürde (er blies – blasen, er schob – schieben), empfiehlt es sich, auf der Bildung der Wir-Form zu bestehen, da bei anderen Rechtschreibproblemen das Bilden der Grundform in die Irre führen würde (z.B. er kam, er pfiff, er erschrak).

Diese Verlängerung der Wörter hilft auch zum Erkennen doppelt geschriebener Konsonantenzeichen oder eines h am Ende des Wortstammes. Die Schwierigkeit ist, dass hier die Signale für die Verlängerung den Kindern schwer deutlich zu machen sind. Hier empfiehlt es sich, zunächst das Phänomen und die Hilfe, die das Verlängern bietet, zu klären. Die erste Wortart, an der man das Verlängern als generalisierte Strategie einführen kann, sind die Substantive. Die Kinder üben zunächst an schriftlich vorgegebenen Sätzen oder Texten und nehmen dort die Großschreibung als Signal, um die Pluralform zu bilden und die Rechtschreibbesonderheit, die dadurch hörbar wurde, farbig zu markieren. Anschließend wenden sie diese Strategie auch auf ihre selbst geschriebenen Texte an.

Selbstverständlich muss man in diesem Zusammenhang bei Diktaten dafür sorgen, dass die Substantive in den Sätzen für diese Art von Verlängerung auch geeignet sind. Der Baumstamm darf vorkommen, der Stammbaum natürlich nicht, denn beim Letzteren hilft die naive Verlängerung durch die Mehrzahlbildung in keiner Weise, das mm zu erkennen. Solche Wörter brauchen eine komplexere Vorgehensweise und würden die Kinder in diesem Stadium nur verwirren und ihr Vertrauen in die neu erlernte Strategie untergraben.

In diesem Zusammenhang kann man ganz gut gleichzeitig die Überprüfung der Schreibweise mit ä oder äu in Pluralformen einführen. Die Kinder üben ja schon, die Substantive zu erkennen und durch Mehrzahlbildung die Schreibweise zu überprüfen. Zu den Substantiven, die schon in der Mehrzahl stehen, können sie schnell die Einzahl bilden, wenn der Laut /ɛ/ oder /oi/ vorkommt, um so die Schreibung mit ä oder äu zu erkennen.

Erst in deutlichem Abstand zu dieser Strategie kann man sich wieder den Verben zuwenden und mit den Kindern erarbeiten, dass sie sämtliche Verben erkennen und die Verben, die ein grammatisches t enthalten, wie schon längst gelernt, auf die Grundform zurückführen, die Verben aber, die mit dem Wortstamm enden, durch Davorsetzen von „wir" verlängern, um die Schreibweise zu überprüfen. Auch hier also der doppelte Schritt, erst die Verben überhaupt zu erkennen und dann die Schreibweise zu überprüfen.

Dieselbe Strategie wird schließlich noch einmal für sämtliche Adjektive in prädikativer Stellung geübt.

4.2.5 Das Durchschauen des morphematischen Aufbaus als höchste Rechtschreibstrategie

Die in den letzten Abschnitten beschriebenen Formen der Ableitung von Wörtern sind letztlich nötig, weil unsere Schriftsprache keine reine Lautschrift ist, sondern die Morpheme als kleinste sinntragende Einheiten immer gleich schreibt, auch wenn sich ihre Aussprache umgebungsbedingt verändert. Daher besteht die höchste, dem Wesen unserer Schriftsprache angemessene Rechtschreibkompetenz darin, den morphematischen Aufbau eines Wortes zu durchschauen und sowohl zur intuitiven Annäherung an ein erstes Wortverständnis als auch zum Erschließen und Einprägen der richtigen Rechtschreibung zu nutzen. Gerade die wendigeren Schriftsprachbenutzer kommen schließlich so weit, dass sie das äu in „häufig" als Rechtschreibbesonderheit erkennen,stutzig werden, den Wortstamm „häuf" von der Adjektiv-Endung -ig trennen und so selbstständig erkennen, dass das Wort von „Haufen" kommt. Nun wird ihnen auch der inhaltliche Zusammenhang zwischen diesen beiden Wörtern deutlich, und diese inhaltliche Erkenntnis trägt dazu bei, dass sie sich ohne große Mühe die Schreibweise mit äu einprägen.

Erfreulicherweise wurde bei der letzten Rechtschreibreform gerade diesem Stammprinzip Rechnung getragen und bei einigen Wörtern die Schreibung so verändert, dass eine Ableitung von einem verwandt scheinenden Wort nicht mehr in die Irre führt. So darf z.B. *behände* jetzt von Hand abgeleitet und mit ä geschrieben werden, und pfiffige Kinder werden nicht mehr mit einem Fehlerzeichen bestraft, wenn sie bei *nummerieren* an die Nummer denken.

Dieses morphematische Denken sollte durch die zunächst eingeführten

Ableitungsstrategien angebahnt, aber durch vielfältige weitere Übungen allmählich so weit ausgebaut werden, dass die Kinder schließlich nicht mehr die Silben, sondern die Morpheme als Gliederungsstruktur im Rechtschreiben gebrauchen.

Dafür ist es wichtig, dass die eingeführten Strategien immer wieder auch als ein Hantieren mit Morphemen deutlich gemacht werden. Das a wird nicht einfach zum ä, sondern es wird zum ä, weil das ä dem a so viel ähnlicher ist als das vom Klang her ebenso mögliche e und man daher viel schneller den altbekannten Wortstamm wieder erkennt und seine Bedeutung versteht.

Und man bildet nicht einfach die Mehrzahl, sondern an den Grundbaustein wird die Mehrzahlendung (-er, -e usw.) angehängt, sodass sich die Silbenstruktur verändert und die Schreibweise des Wortstammes deutlich wird. Daneben gibt es aber auch einige andere Stellen, an denen eine Einführung in die morphematische Schriftsprachstuktur unabdingbar notwendig ist.

Eine günstige Gelegenheit dazu ergibt sich im Zusammenhang mit dem Erlernen der Schreibung der Vorsilben „ver-“ und „vor-“. Dabei ist eine umfassende Einführung der Kinder in das Wesen und die Funktion der Vorsilben sehr viel wirksamer als die isolierte Behandlung der Vorsilben mit v. Man kann z. B. die Kinder die Funktion der Vorsilben erfahren lassen, indem man ihnen einen Text vorgibt, bei dem sich durch das Wegstreichen der Vorsilben ein neuer, amüsanter Sinn ergibt, z. B.: „Der Arzt untersucht den Patienten.“ Oder: „Peter soll die Hefte austeilen.“

Man kann anschließend mit den Kindern die Vorsilben sammeln und alphabetisch ordnen. Man kann die Kinder dann auf „Vorsilbenjagd“ schiken: Wer findet in einer Kinderzeitschrift den Abschnitt mit den meisten Vorsilben? Wer findet das Wort mit den meisten Vorsilben? Damit ergibt sich schon ein erstes Zerlegen der Wörter in ihre Wortbausteine. Um festzustellen, ob „hinuntergefallen“ oder „dazwischenreden“ mehr Vorsilben hat, muss man die Wörter in ihre Bausteine zerlegen und erfährt von alleine, dass „reden“ zwar noch aus zwei Silben besteht, aber dass diese Silben keine Vorsilben mehr sind. Denn wenn man Vorsilben wegnimmt, bleiben sinnvolle Wortbausteine übrig. Und das „Versteckspiel“: „Wo ist in diesen Wörtern die Vorsilbe versteckt“, führt dazu, dass die Kinder Wörter wie „Schuhverkäufer“, „Straßenvermessungen“ oder „Wetterbericht“ auseinander nehmen und ihre morphematische Struktur intuitiv erkennen.

Im Anschluss an solche Beschäftigungen mit der Morphemstruktur der Wörter kann man den Kindern dann die Strategie an die Hand geben, die Lautfolge /fɛr/ als Signal für die Überprüfung zu nehmen, ob es sich dabei um die Vorsilbe handeln könnte, die mit v zu schreiben ist. Es werden sehr viel weniger Fehlentscheidungen vorkommen als bei isolierter Einführung der Vorsilben ver- und vor-.

Außerdem kann man in der gleichen Unterrichtseinheit auch die Schreibung und das Erkennen der Vorsilbe „miss-“ trainieren, sodass der Nutzeffekt einer solchen umfassenderen Beschäftigung mit Vorsilben sehr groß ist.

Eine weitere ausführliche Beschäftigung mit der Morphemstruktur der Wörter kann im Zusammenhang mit der Schreibung der Adjektiv-Endungen -ig und -lich erfolgen. Viele Kinder können durch ein Verlängern der Adjektive allein nicht entscheiden, ob sie mit /g/ oder /ch/ am Ende zu schreiben sind. Für sie klingt „eine öliche Flüssigkeit" genauso richtig wie „eine ölige Flüssigkeit". Der erste Schritt zur richtigen Entscheidung ist die Erkenntnis, dass es zwei unterschiedliche Bausteine gibt, mit denen Adjektive zusammengefügt werden, und dass der Baustein, der mit l beginnt, immer auf ch endet, während der Baustein ohne l mit g am Schluss geschrieben wird. Dieses Wissen allein würde aber bei dem obigen Beispiel genau zur falschen Entscheidung führen. Der zweite Schritt muss deshalb darin bestehen, den Wortstamm zu isolieren, seinen Sinn zu erkennen und zu entscheiden, ob das l evtl. zum Wortstamm gehören könnte, sodass es sich um die Endung -ig handelt. Damit wird die Notwendigkeit inhaltlichen Denkens als Grundlage von Rechtschreibentscheidungen für die Kinder sehr deutlich.

Eine nächste Gelegenheit bietet die Beschäftigung mit den Substantiv-Bausteinen -heit, -keit, -nis, -schaft, -tum und -ung. Kinder lernen in der Grundschule einigermaßen sicher, die Substantive zu erkennen, die konkrete Gegenstände oder Lebewesen bezeichnen. Substantiva aber, die Abstrakta bezeichnen, sind sehr viel schwerer zu definieren und für die Kinder zu erkennen. Viele Abstrakta aber werden durch das Anhängen der oben genannten Morpheme an einen Wortstamm gebildet. Das Erkennen dieser Morpheme als Signal für die Großschreibung der Wörter ist daher eine sehr hilfreiche Strategie im Erlernen der Großschreibung. Da allerdings diese Wortbausteine nicht immer am Wortende stehen, wäre eine mechanische Einübung dieser Morpheme als Signal für die Großschreibung nicht sehr sinnvoll. Vielmehr müssen die Kinder lernen, den Wortaufbau wirklich zu durchschauen, um zu erkennen, warum die „Freundschaft" groß geschrieben wird, ebenso wie die „Freundschaften", das Wort „freundschaftlich" aber klein, ebenso wie „freundlich", während die „Freundlichkeit" wieder groß geschrieben wird.

Da die Kinder auf diese Weise das Durchschauen des morphematischen Wortaufbaus intensiv trainieren, kann man in diesem Zusammenhang auch üben, dass die Wortstämme in solch komplexeren Wortgebilden isoliert und dann verlängert werden müssen, um Klarheit über ihre Schreibweise zu erhalten. Die zunächst gelernte Strategie, einfach das Wort zu verlängern, führt z.B. bei „Freundschaft" nicht zu einer richtigeren Schreibung. Erst durch die ausführliche Beschäftigung mit der Morphemstruktur wird den Kindern einsichtig, dass sie den Wortstamm zunächst isolieren und dann verlängern müssen. Nach dem Isolieren der Wortstämme erübrigt sich allerdings in vielen Fällen für die Kinder das Verlängern. Sie erkennen den längst bekannten Wortstamm wieder, zu dem sie die Schreibweise durch frühere Übungen schon längst gespeichert haben, sodass weitere Ableitungsstrategien ganz unnötig werden.

Damit aber ist ein Ziel des Rechtschreiblernens, nämlich die morphemorientierte Rechtschreibung erreicht. Sie bildet auch die Grundlage für die richtige Schreibung von Wörtern mit Längenzeichen, mit v im Wortstamm und anderen selteneren Graphemen. Solche Wortstämme müssen zunächst einfach eingeprägt werden. Die komplizierteren, mit diesen Stämmen zusammengesetzten Wörter aber müssen nicht mehr einzeln gelernt werden. Wenn der Wortstamm selbst gut gespeichert ist, reicht es bei komplexeren Wörtern, die Morphemstruktur und ihren Zusammenhang mit dem gelernten Wortstamm zu begreifen, um die Schreibweise zu beherrschen.

4.2.6 Die Vermittlung einer effektiven Wörterlernstrategie als Vorbereitung auf das berufliche Rechtschreiblernen

Die Schule kann den Kindern nicht die Rechtschreibung sämtlicher Wörter beibringen, die sie im späteren Leben brauchen. Einen großen Teil, insbesondere des berufsbezogenen Wortschatzes, lernen die Schriftverwender erst später. Deshalb ist es wichtig, dass die Kinder in der Schule nicht nur die Rechtschreibung, sondern darüber hinaus eine effektive Strategie des Wörterlernens erwerben. Schon in der Grundschule, wo das Rechtschreiben im Wesentlichen durch die Verbindung von Wortschatz- und Regellernen erfolgt, ist es wichtig, dass die Kinder die selbstständige Verfügungsgewalt über ihre Lernaktivitäten erhalten, indem sie die Lerntechniken selbst bewusst lernen. In derselben Weise ist es auch in den Oberklassen dringend notwendig, dass man das Erlernen der Rechtschreibung zum Lerngegenstand macht.

Neben dem Erlernen generalisierbarer Rechtschreibstrategien bleibt das Lernen von Wortschreibungen weiterhin ein wichtiges Thema, auch in den Oberklassen, sei es, dass zu einem Sachgebiet die Schreibweise der Fachausdrücke geübt werden soll, sei es, dass Wortmaterial für eine Nacherzählung oder einen Sachaufsatz erarbeitet wird.

Hier ist es wichtig, dass nicht einfach die Schreibweise der Wörter kurz besprochen wird, sondern dass den Kindern der Weg gewiesen wird, wie sie sich die Rechtschreibung selbstständig erarbeiten können.

An den Beispielen „Einfüllstutzen“ und „Zylindertopf“ sei der Unterschied in der Vorgehensweise kurz beschrieben.

Bei ganz schlechtem Unterricht wird so getan, als sei es selbstverständlich, dass alle Schüler und Schülerinnen diese Wörter schreiben können, wenn sie sie irgendwo einmal lesen mussten. Gelegentlich glauben solche Lehrkräfte ihren Kompetenzmangel dadurch kompensieren zu müssen, dass sie den Schülern und Schülerinnen schlechtere Noten geben, wenn sie die Wörter nicht von alleine richtig schreiben konnten.

In einem Unterricht, in dem auch das Erlernen der Rechtschreibung sinnvoll einbezogen wird, könnte die Lehrkraft die Schüler auf das Doppel-l bei „Einfüllstutzen“ und das y bei „Zylindertopf“ hinweisen, kurz die kognitiven Zusätze formulieren und dann die Jugendlichen auffordern, sich diese Abweichungen von der lautgetreuen Schreibweise zu merken.

Ein Lehrer, der das Rechtschreiblernen als generalisierte Strategie aufbauen will, wird die Jugendlichen nicht auf die lautabweichenden Schreibungen in den Wörtern hinweisen, sondern sie fragen, was sie tun müssen, um diese Wörter später richtig schreiben zu können. Er wird mit den Jugendlichen erarbeiten, dass man zunächst die nicht lautgetreuen Stellen auffinden muss, dass man dann nach einer Begründung für diese Schreibweise suchen und sie sich samt Begründung merken muss. Anschließend gibt er den Schülern Zeit und Hilfestellungen, damit sie sich die Wörter selbstständig einprägen können.

4.2.7 Strategien zum Erlernen der Großschreibung

In der Grundschule lernen die Kinder schon, dass die Bezeichnungen für Lebewesen, Dinge oder Teile davon großgeschrieben werden. Als entsprechende Strategie kann man mit den Kindern auch schon einüben, dass sie sich überlegen, welche Wörter in dem Satz eine konkrete Sache oder ein Lebewesen bezeichnen, und diese großschreiben. Bewährt hat sich, als Strategie dafür schon im dritten Schuljahr die Handkontrolle einzuführen. Die Kinder machen nach dem Schreiben eines Satzes ihre Hand zum Anfassen bereit und überlegen bei jedem wichtigeren Wort, ob sie das damit Gemeinte anfassen könnten. Allerdings sind wir Erwachsenen noch sehr ungeübt im Erkennen abstrakter Substantive. Schon Wörter wie „Unfall", „Kälte" oder „Wut" sind keine Bezeichnungen mehr für Dinge und mit dieser Strategie nicht zu erkennen. Deshalb kann man im vierten Schuljahr diese Strategie wiederholen und hinzufügen, dass auch alles, was man haben kann, großgeschrieben wird. Wenn die Kinder nun ihre Hand zum Anfassen oder Haben bereit machen, um zu überlegen, ob sie einen Unfall oder Wut haben können, so ist diese Geste nur noch eine symbolische Handlung, die den Kindern aber trotzdem sehr stark hilft, sich auf die Fragestellung zu konzentrieren und auch solche Abstrakta zu erkennen.

Die nächste und schon recht komplexe Strategie besteht darin, in einem Satz die Artikel zu erkennen und als Signal dafür zu nehmen, dass die Wörter, auf die sie sich beziehen, großgeschrieben werden.

Diese Strategie ist sehr komplex und kann erst allmählich, in mehreren kleinen Schritten eingeführt werden. Denn die Kinder müssen lernen, einerseits zunächst die bestimmten, später dann auch die unbestimmten Artikel in sämtlichen Deklinationsformen zu erkennen, andererseits aber auch zu entscheiden, auf welches Wort sich der Artikel bezieht.

Diese Fähigkeit hängt offenbar stark vom Sprachgefühl ab, denn nach meiner Beobachtung sind Kinder mit fremder Muttersprache darin viel unsicherer als Kinder deutscher Eltern. Aufbauen kann man dieses Sprachgefühl wahrscheinlich dadurch, dass man die Signalfunktion des Artikels schon im zweiten Schuljahr einführt, solange die Substantive noch fast immer Konkreta bezeichnen, die für die Kinder auch vom Inhalt her als Substantive zu erkennen sind. Zwei Fehler allerdings sind unbedingt zu vermeiden: Man darf nicht behaupten, jedes Wort, vor das man den Artikel setzen kann, würde großgeschrieben, denn sonst schreiben die Kinder: „Wir Schreiben Schöne Geschichten." Denn man kann sagen „das Schreiben" und „das Schöne". Ebenso wenig darf man behaupten, das Wort nach dem Artikel würde großgeschrieben, denn dann schreiben die Kinder natürlich: „Der Arme Mann".

Wenn man aber die Signalfunktion des Artikels einführt und gleichzeitig darauf hinweist, dass nicht das nächste Wort, sondern das zu diesem Artikel gehörende Wort, quasi der Chef des Artikels, großgeschrieben wird, dann haben die Kinder gute Chancen, das Sprachgefühl allmählich aufzubauen. Der Artikel gibt quasi das Signal, dass demnächst ein Wort kommt, das einen Gegenstand oder ein Lebewesen (oder einen Teil davon) bezeichnet. Und da diese Konkreta auch inhaltlich erkennbar sind, entwickeln die Kinder allmählich ein Gespür dafür, welches Wort innerhalb der verschiedenen

Satzbauschemata jeweils zum Artikel gehört. Dieses Gespür hilft ihnen dann später, auch abstraktere Substantive nach einem Artikel zu erkennen (Abb. 7).

Beispiel: Wenn die Kinder im dritten oder vierten Schuljahr den Chef zum Begleiter suchen mussten und dabei auch öfters Sätzen begegneten wie: „Gestern fanden wir im Bach einen großen, wunderbar glänzenden Stein.“, dann kann man hoffen, dass sie im achten Schuljahr das abstrakte Nomen anhand des Artikels auch in folgendem Satz erkennen: „Gestern führten wir im Physikunterricht ein gefährliches und unangenehm stinkendes Experiment durch.“

Unterstützen kann man die Entwicklung des Sprachgefühls noch dadurch, dass man in Sätzen einkreisen lässt, was alles zu dem Artikel gehört. Im obigen Beispiel also: „einen großen, wunderbar glänzenden Stein“. Das letzte Wort einer solchen Sequenz ist dann jeweils der Chef. Man kann das überprüfen, indem man alle anderen, dazwischengeschobenen Wörter fortlässt und schaut, ob der Artikel wirklich zum Chef passt. Umgekehrt kann man auch noch mehr Wörter zwischen Artikel und Chef einfügen lassen, um die Dehnbarkeit dieser Sequenzen zu verdeutlichen. Ebenso kann man zeigen, dass man diese dazwischengeschobenen Wörter austauschen kann, ohne dass sich der Artikel verändert. Wenn man aber den Chef verändert, kann es sein, dass man einen anderen Artikel braucht.

Wenn die Signalfunktion der Artikel und das Erkennen des Chefs gut gefestigt ist, ist eine erste Einführung in die Substantivierung von Verben nach den Wörtern „am“, „beim“, „vom“ und „zum“ gut möglich. Die Kinder können relativ leicht begreifen, dass in diesen Wörtchen der Artikel versteckt ist, und damit sind diese Formen von substantivierten Verben mit dieser Strategie gut zu erkennen.

Durch die Rechtschreibreform wurde die Gültigkeit dieser Begleiterprobe noch verstärkt. Während früher Ausdrücke wie *auf dem Trockenen sitzen* oder *im Dunkeln tappen* extra gelernt werden mussten, weil sie der Artikelprobe widersprachen, dürfen sie jetzt der Artikelprobe entsprechen geschrieben werden. Dasselbe gilt für unbestimmte Zahladjektive, wie *der Einzige, das Geringste*, aber auch für Superlative nach den Präpositionen mit versteckten Begleitern *im, ins, vorm* und *zum*, z.B. in den Ausdrücken: *nicht im Entferntesten*, oder *bis ins Kleinste*.

Eine weitere, noch relativ gut zu erlernende Strategie ist das Erkennen der Substantiv-Endungen -heit, -keit, -nis (-nisse), -schaft, -tum und -ung. Sie können als Signal für die Großschreibung dieser Wörter dienen.

Eine weitere generalisierbare Strategie besteht darin zu prüfen, ob im Kontext eines Satzes ein Artikel vor das Wort gesetzt werden kann, von dem der Schreiber vermutet, es sei ein Substantiv oder ob ein anderes Wort durch den Artikel ersetzt werden kann. Das Problem ist hier, dass es für die Anwendung dieser Strategie kein anderes Signal gibt als die eigene Unsicherheit. Das heißt, sie nützt erst etwas, wenn durch das Erlernen der anderen Strategien und durch das wortschatzbezogene Erlernen der Großschreibung ein gewisses Gespür dafür entstanden ist, welches Wort ein Substantiv sein könnte. Hinzu kommt, dass durch diese Artikel-Einsetz-Probe der Satz gelegentlich auch grammatikalisch oder inhaltlich verändert werden muss: grammatikalisch z.B. bei *mit groß**em** Geschrei* $\Rightarrow$ *mit ein**em** groß**en** Geschrei*,

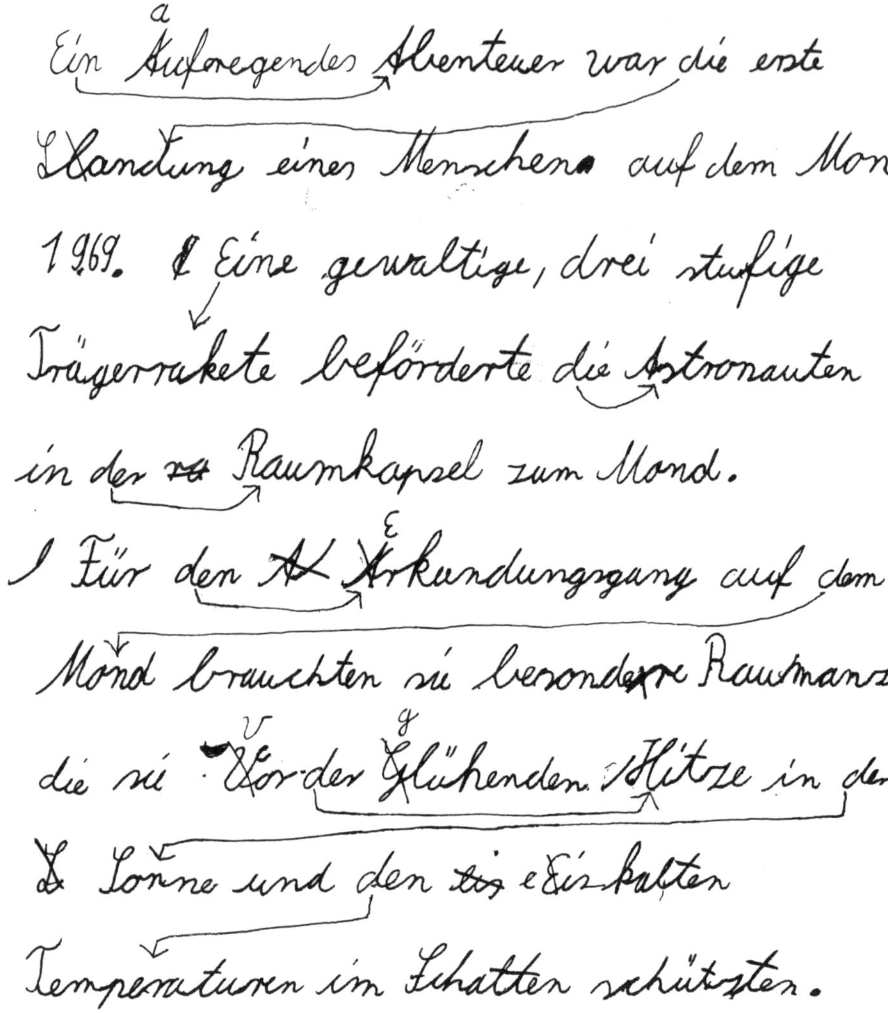
Ein Aufregendes Abenteuer war die erste
Landung eines Menschen auf dem Monde
1969. Eine gewaltige, drei stufige
Trägerrakete beförderte die Astronauten
in der Raumkapsel zum Mond.
Für den Erkundungsgang auf dem
Mond brauchten sie besondere Raumanzüge,
die sie vor der glühenden Hitze in der
Sonne und den eiskalten
Temperaturen im Schatten schützten.

Abb. 7. Dieser Junge, ein sehr schlechter Rechtschreiber, konnte durch die nachträgliche Chefsuche sein Diktat entscheidend verbessern.

inhaltlich z.B. bei *Die Aufführung war* ***kein*** *Erfolg* ⇒ *Die Aufführung war* ***ein*** *Erfolg*. Da kann für die Jugendlichen dann durchaus die Frage entstehen, wie viel an Veränderung bei der Probe denn zulässig ist. Die Veränderung *Ich streiche den Zaun blau* ⇒ *Ich streiche den Zaun mit dem Blau* könnte dann zu Fehlentscheidungen führen, im ersten Satz das Wort *blau* auch großzuschreiben. Das bedeutet, dass diese Strategien erst dann eingeführt werden sollten, wenn die anderen Strategien schon ziemlich sicher beherrscht werden und nur noch quasi als Tüpfelchen aufs i für die wenigen Fälle gebraucht werden, die mit den anderen Strategien nicht zu lösen sind.

Ebenso führt die zum Teil gelehrte Strategie, Mengenangaben wie „kein", „viel", „manches", „wenig" usw. als Hinweis auf ein Substantiv zu verwenden, häufig zu richtigen, gelegentlich aber auch zu falschen Entscheidungen, z.B. in dem Satz: „Ich möchte heute nur wenig laufen."

Dieses Phänomen, dass Regeln nicht hundertprozentig gelten, gibt es auch beim Erlernen von Wortschreibungen. Dort kann man das Problem lösen, indem man zu Zeiten, in denen die der Regel entsprechende Rechtschreibstrategie geübt wird, diese Ausnahmewörter vermeidet und sie später als Lernwörter gesondert erarbeitet. Genauso kann man im Bereich der Großschreibung diese Strategien einführen und die Satzmuster, bei denen sie zu Fehlentscheidungen führen, zunächst vermeiden, um diese später gesondert zu besprechen.

Das Problem ist nur, dass zum Erkennen von Satzmustern, in denen die Strategie anwendbar ist, erheblich mehr Sprachgefühl gehört als zum Erlernen von Ausnahmewörtern. Bei Letzteren wird das Wort selbst gelernt, während die Satzstruktur etwas Abstraktes ist, das mit beliebig vielen unterschiedlichen Wörtern ausgefüllt werden kann.

Sicher gibt es noch mehr Strategien als die hier genannten zum Bewältigen der Rechtschreibung. Manche davon mögen auch für die Kinder wirklich wichtig sein. Hier kann in den nächsten Jahren noch einiges geforscht werden. Allerdings muss man sich davor hüten, mit dem Erarbeiten von Strategien genauso spitzfindig zu werden wie einst mit dem Erarbeiten von Rechtschreibregeln. Wenn eine Strategie nur für wenige Wörter anwendbar ist, ist es oft sinnvoller, diese Wörter als Lernwörter zu behandeln, als den Kindern eine ausgeklügelte Strategie mit einigen „Wenn …, dann …“ beizubringen.

5 Veränderungen durch die Rechtschreibreform

Die 1996 beschlossene Rechtschreibreform fügt sich sehr gut in das hier vorgestellte Konzept der Strategievermittlung ein.

5.1 Verbesserungen im Bereich der lautgetreuen Schreibung und der Rechtschreibsprache

In der Rechtschreibsprache werden die Wörter als Grundlage für das Schreiben deutlich in Silben gegliedert. Früher waren manche Kinder verunsichert durch die Regel, dass am Zeilenende ein einzelner Vokal nicht abgetrennt werden darf. Sie versuchten dann Wörter wie *Ufer* oder *oder* ohne Silbenpause zu sprechen und zu schreiben. Das war ungünstig, weil die Kinder dann vom Kopf her ihrem rhythmischen Gefühl entgegenarbeiteten und damit die Ausbildung des rhythmischen Gefühls gestört wurde. Zwar konnte durch einen Hinweis dieses Problem meist behoben werden, aber trotzdem ist es ganz schön, dass durch die neuen Silbentrennungsregeln das Problem ganz weggefallen ist. Jetzt darf ein Wort auch nach dem ersten Vokal getrennt werden: a-ber, o-der. Zwar ist eine solche Trennung nicht schön und sollte weitestgehend vermieden werden, aber zumindest verursacht diese Regel keine Störungen in der Rechtschreibsprache mehr.

Ebenso erfreulich ist, dass jetzt st getrennt werden darf. Auch da waren die Kinder früher versucht, vom Kopf her ihr rhythmisches Gefühl zu korrigieren und Ki·ste zu sprechen. Das war besonders ungünstig, weil dann die Silbe auf /i/ endete und damit das Erlernen der ie-Regel erschwert wurde. Auch hier entspricht die neue Regel also sehr viel besser der Grundstrategie des Schreibens mit der Rechtschreibsprache.

Ein bisschen ungünstig für die Rechtschreibsprache ist die neue Regel, dass ck nicht mehr getrennt werden darf. Das ck ist ja ursprünglich aus Doppel-k entstanden und sollte bei der Trennung am Zeilenende auch wieder darauf zurückgeführt werden. Diese Zurückführung auf kk sieht für uns inzwischen sehr fremd aus und ist in gedruckten Texten kaum noch zu finden. Daher war die Abschaffung dieser Regel sinnvoll. Die neue Regel allerdings, dass man stattdessen *vor* dem ck trennt, widerspricht in ähnlicher Weise dem rhythmischen Gefühl wie früher die st-Trennungsregel. Hier ist es deshalb wichtig, die Kinder bei ck zwischen zwei Vokalen wie bisher in der Rechtschreibsprache die Wörter weiterhin mit Doppel-k sprechen zu lassen, was eine wichtige Hilfe zum Einprägen der Schreibung mit ck und zum Aufbau eines intuitiven Sprachgefühls für Doppelung ist. Auch wenn man in Texten die Sprechsilben durch Silbenbögen kennzeichnet, sollten diese zwischen c und k enden. Also: *Dec·ke*. Nur für die schriftliche Silbentrennung am Zeilenende wird die Trennung *vor* ck als Sonderregel eingeführt.

Daneben wurden einige Wörter eingedeutscht, wie das ja früher bei Neuauflagen des Duden auch schon geschehen ist. Das betrifft zum Teil Wörter, die von SchülerInnen erst gelernt werden, wenn das Üben der Rechtschreibsprache keine Rolle mehr spielt. Für den Rechtschreibunterricht relevant sind folgende Wörter, die zwar auch noch in der alten Schreibung geschrieben werden dürfen, aber in der neuen Schreibung zu Mitsprechwörtern geworden sind und den Kindern auch als solche beigebracht werden können:

Jogurt
Spagetti
Panter
Tunfisch
Ketschup
Geografie

5.2 Verbesserungen im Bereich der Nachdenkwörter

Bei den Nachdenkwörtern wurde die Schreibweise der s-Laute logischer gemacht und das so genannte Stamm-Prinzip noch etwas verstärkt.

5.2.1 Die s-Laute

Die wichtigste Veränderung durch die Rechtschreibreform ist, dass eine lästige Erschwerung bei den s-Lauten abgeschafft wurde: aus ss wird nicht mehr ß. Das ist sehr angenehm, denn die Verdoppelung des s kann nun einfach mit allen anderen Konsonantenverdoppelungen gemeinsam durchgenommen und gelernt werden. Bei Wörtern mit Doppel-s zwischen zwei Vokalen wird das s doppelt gesprochen und dadurch eingeprägt *(Flüs·se)*, Doppel-s am Wort- oder Silbenende oder vor anderen Konsonanten wird durch Ableitung hörbar gemacht *(Fluss* gehört zu *Flüs·se*, also mit Doppel-s).

Ganz abgeschafft werden konnte das ß allerdings nicht, da es das stimmlose s am Silbenanfang nach langem Vokal kennzeichnen soll. Hier das ß durch Doppel-s zu ersetzen, würde völlig der Funktion des Doppelkonsonanten als Kürzezeichen widersprechen und für erhebliche Verwirrung sorgen. Deshalb werden *die Straße* und *die Füße* weiterhin mit ß geschrieben. Die Reformkommission ging bei der Unterscheidung zwischen ss und ß von Länge und Kürze des Vokals aus. Deshalb gibt es auch einige neue Merkschreibungen, bei denen Doppel-s nicht durch Ableitung doppelt hörbar gemacht werden kann.

Als Merkschreibungen mit ss sind hinzugekommen: die Konjunktion *dass*, die Vorsilbe *miss* und *grässlich*.

Einige Wörter werden je nach Dialekt mit langem oder kurzem Vokal vor dem scharfen s-Laut gesprochen und dürfen deshalb auch wahlweise mit ß oder ss geschrieben werden, z.B. der *Lößboden/Lössboden* oder in Österreich auch das *Erdgeschoß*. Hier ist es also wichtig, auch in Schriftstücken der Kinder keine Fehler falsch anzustreichen.

In der hier vorgeschlagenen Strategievermittlung wird ganz bewusst auf die Unterscheidung zwischen langen und kurzen Vokalen verzichtet. Stattdessen wird vorgeschlagen, Doppelkonsonanten durch die sehr deutlichen Silbenpausen doppelt hörbar zu machen, wo das möglich ist. Wo das nicht möglich ist, wird eine verwandte Wortform gesucht, bei der das möglich ist.

Ein langer Vokal kann am Silbenende stehen, sodass ß erkennbar wird, wenn ein stimmloser s-Laut am Silbenanfang, nach einem Vokal gesprochen wird. Für die meisten Kinder ist das kein Problem. Sie können nach einem kurzen Unterscheidungstraining das stimmhafte und das stimmlose s klar unterscheiden, wenn es zwischen zwei Vokalen steht. Daher unterscheiden sie die beiden s-Schreibungen zwischen zwei Vokalen ohne großes Nachdenken vom Sprechen her. Am Wort- oder Silbenende oder vor anderen Konsonanten allerdings sind alle s-Laute stimmlos. Hier muss wie eh und je abgeleitet werden, um die richtige Schreibung zu erschließen.

Die Kinder, die nicht zwischen stimmhaften und stimmlosen s-Lauten unterscheiden können, müssen sich die etwa fünfzig Wortstämme mit ß ohne Artikulationshilfe als reine Merkwörter mit kognitivem Zusatz einprägen: „*Straße* mit ß!"

Im Deutschen gibt es einige starke Verben mit unterschiedlichen Wortstämmen in der Gegenwarts- und der Vergangenheitsform; zum Beispiel gehen – ging – gegangen oder pfeifen – pfiff – gepfiffen. Manche Wortstämme haben in der einen Form ein ss, in der anderen ein ß, z.B. schießen – schoss – geschossen oder lassen – ließ – gelassen. Hier können LehrerInnen den Kindern ordentlich Angst machen und für Verwirrung sorgen, wenn sie diese Verbformen so wie oben nebeneinander und einander gegenüberstellen und lernen lassen, ähnlich wie etwa ein Anderssprachiger sie in ‚Deutsch als Fremdsprache' lernen würde.

Das ist aber völlig unnötig. Die Kinder brauchen nicht in dieser Reihung zu lernen. Sie gebrauchen die Formen völlig kompetent in ihrer mündlichen Sprache. Wenn sie sie schreiben sollen, so entdecken sie bei *er lässt* das grammatische t, bilden die Grundform und erkennen die richtige Schreibung. Bei *er ließ* ist kein grammatisches t, sie verlängern also durch die wir-Form und erschließen sich so die richtige Schreibung. Wenn man sie nicht darauf stupst, kommen sie erst dann darauf, dass dasselbe Verb mal mit ss, mal mit ß geschrieben wird, wenn sie die Schreibung schon so sicher beherrschen, dass sie dadurch nicht mehr verwirrt werden.

5.2.2 Die Beseitigung von Ableit-Fallen

Noch an einer anderen Stelle wurdc das Stamm-Prinzip verstärkt. Bei zusammengesetzten Wörtern bleiben die vollen Wortstämme erhalten, auch wenn dadurch drei gleiche Buchstaben hintereinander geschrieben werden. Das war bisher schon so, wenn die drei gleichen Buchstaben Konsonanten waren und darauf wieder ein Konsonant folgte. Das gilt nun einfach generell. Jetzt wird also nicht nur die *Balletttruppe*, sondern auch der *Balletttänzer* mit drei t geschrieben. Und wem das zu merkwürdig aussieht, der kann die Wörter durch einen Bindestrich deutlicher voneinander abgrenzen und so leichter lesbar machen, also *Ballett-Tänzer*, oder *Schnee-Elefant*. Hier ist also einfach eine sinnlose, das Rechtschreiben erschwerende Zusatzregel weggefallen. Auch wenn vor der Endung -heit ein h steht, muss man nicht mehr, wie früher, eines weglassen, also zum Beispiel: *Rohheit.*

Dann gab es noch einige Wörter, die gerade für intelligente Rechtschreiber echte Fallen waren, weil sie inhaltlich von Wörtern abgeleitet schienen, von denen sie der Rechtschreibung nach nicht abgeleitet werden durften. *Behände* hat doch natürlich etwas mit der Hand zu tun , und bei *belämmert* hört man das dumme Meckern des belämmerten Lämmchens förmlich im Ohr. Auch *nummerieren* kommt mit Sicherheit von der Nummer. Diesen spontanen Ableitungen wird nun Rechnung getragen. Welche Wörter aus diesem Grund verändert wurden ersehen Sie aus dem Kästchen.

behände (zu Hand) belämmert (zu Lamm) Bändel (zu Band) Gämse (zu Gams) Quäntchen (zu Quantum) schnäuzen (zu Schnauze) Stängel (zu Stange) überschwänglich (zu Überschwang) verbläuen, einbläuen (zu blau)	Gräuel, gräulich (zu grau) Schlägel (zu schlagen) aufwendig oder aufwändig(zu aufwenden oder Aufwand) Schenke oder Schänke (zu ausschenken oder Ausschank) Wechte (zu wehen) selbständig oder selbstständig (zu selber oder selbst)	Karamell (zu Karamelle) nummerieren (zu Nummer) platzieren (zu Platz) Plattitüde (zu platt) Stuckateur (zu Stuck) Tollpatsch (zu toll) Stepp (tanzen) (zu steppen) Tipp (zu tippen)

Außerdem gab es einige Fremdwörter, die mit t geschrieben werden mussten, obwohl sie von einem Wort mit nz am Ende abzuleiten waren, also z.B. *die Substanz* und *substantiell.* Diese Wörter dürfen jetzt sowohl in der bisherigen Form als auch mit z geschrieben werden. Also zum Beispiel: potentiell oder potenziell (zu Potenz), pretiös oder preziös (zu Preziosen).

Nur bei Eltern wagte man nicht, den Anfangsbuchstaben zu ändern, obwohl sie doch eindeutig älter sind. Aber dieses Wort ist so häufig, dass es sich bei den meisten Schreibern so fest mit E eingeprägt hat, dass eine Änderung nicht nötig schien. Und das zunächst für das Paket geplante ck wurde wohl nur deshalb nicht realisiert, damit der Post keine Kosten durch die Änderung all der vielen Hinweisschilder im öffentlichen Leben entstehen.

5.2.3 Änderungen bei der Großschreibung

Auch bei der Großschreibung wurde den Nachdenkstrategien, durch die man sie sich erschließen kann, noch besser entsprochen als vorher.

Die Einsicht , dass alles, was man haben kann, großgeschrieben wird, hat sich nun auch bei Ausdrücken wie *du hast Recht, er bekommt keine Schuld* durchgesetzt. In allen Wendungen, in denen man es haben (und daher auch bekommen oder behalten) kann, werden die Wörter *Angst, Bange, Recht, Schuld* großgeschrieben. In Verbindung mit den Verben *sein, bleiben* und *werden* aber werden diese Wörter kleingeschrieben.

Auch der Begleiterprobe wird nun in deutlich größerem Umfang entsprochen als bisher. Die Grundregel, wenn ein Wort durch einen Artikel begleitet wird, ist es nominalisiert und wird großgeschrieben, gilt jetzt auch bei fast allen Wendungen, die früher angeblich als adjektivisch empfunden wurden und deshalb kleingeschrieben werden mussten, z.B.: *Es ist **das Beste**, wenn du jetzt gehst.* Oder: ***auf dem Laufenden** halten.* Auch wenn der Artikel in einer Präposition versteckt ist, wird jetzt noch häufiger großgeschrieben als vorher: *Es stört mich **nicht im Geringsten**.* Oder: *Etwas **zum Besten geben**.* Nur bei der Präposition *aufs* vor einem Superlativ kann man wählen, ob man es adjektivisch verstehen und kleinschreiben oder substantivisch verstehen und großschreiben will. *Es ist **aufs beste** geregelt* (Wie?) oder: *Es ist **aufs Beste** geregelt* (auf das Beste). Nur natürlich die reine Steigerungsform des Adjektivs wird auch weiterhin kleingeschrieben: *Er kann am besten schwimmen.* Hier könnte man ja auch nicht von einem versteckten Artikel reden, denn man könnte ihn nicht aus seinem Versteck hervorlocken (Er kann an dem besten schwimmen?).

Auch viele unbestimmte Zahladjektive dürfen jetzt großgeschrieben werden, wenn ein Artikel davorsteht. *Ich muss **das Ganze** überdenken. Er ist **der Einzige**.*

Allerdings gibt es weiterhin einige Zahladjektive, die immer kleingeschrieben werden, z.B. *viel, wenig, eine, andere, beide.* Diese muss man wie bisher in extra Wendungen als Ausnahmen von der Begleiterprobe lernen. Aber auch diese Regel ist etwas aufgeweicht. Wenn diese Wörter nicht als unbestimmte Zahladjektive verstanden werden, können sie auch großgeschrieben werden. *Er suchte das ganz Andere.*

Ebenso wird die Begleiter-Einsetz-Probe jetzt stärker beachtet. Zur Erinnerung: Wenn man unsicher ist, ob ein Wort nicht doch großgeschrieben wird, obwohl die üblichen Proben (Handkontrolle, Begleitersuche, Endbausteinkontrolle) nicht greifen, kann man probieren, ob in den Kontext ein Begleiter so einzusetzen ist, dass er sich nun auf das fragliche Wort bezieht. Diese Probe hatte bisher doch recht viele Ausnahmen. Die Regel, dass Substantive, die mit Präpositionen ein festes Gefüge bilden, großzuschreiben sind, hilft hier gut weiter. Denn überall dort könnte man auch einen Artikel einsetzen: *auf (einen) Abruf, mit (der) Hilfe …* Auch Ordnungszahlen sind nun immer großzuschreiben, wenn man einen Artikel einsetzen könnte oder einer davor steht. Sie kam *als Erste, als Letzte, als Nächstes wollen wir …*

Bei den Anredepronomen werden jetzt nur noch die Höflichkeitsformen *Sie, Ihnen, Ihre* großgeschrieben. Die Pronomen *du, dir, deine* müssen nicht mehr als extra Aufpassstelle gelernt werden.

Ziel der in diesem Buch vorgeschlagenen Strategievermittlung ist, dass die SchülerInnen die Rechtschreibung nicht mehr so stark als völlig unlogisch und Angst machend empfinden. Die Rechtschreibreform hilft ein bisschen, sich diesem Ziel noch stärker anzunähern. Selbstverständlich gibt es immer noch die Schreibungen, die nicht gut zu begründen und daher einfach zu lernen sind, aber es sind doch deutlich weniger geworden.

6 Die schrittweise Hinführung zum Schreiben ungeübter Diktate

Eine große Plage ist in unserer Rechtschreibdidaktik die Behauptung, die Kinder müssten ungeübte Diktate schreiben. Während in allen anderen Unterrichtsbereichen völlig selbstverständlich gilt, dass die Kinder das, was ihnen in Prüfungsarbeiten abverlangt wird, zunächst einmal gelernt und geübt haben müssen, durchkreuzt das Gespenst der ungeübten Diktate immer wieder alle Bemühungen, die Lehrer und Lehrerinnen darüber zu informieren, wie man sinnvoll Diktate vorbereitet.

Selbstverständlich kann eine Sekretärin nicht jedes Diktat, das sie schreiben muss, vorüben. Auch ein Bauarbeiter könnte einmal in die Verlegenheit kommen, etwas aufschreiben zu müssen, was er vorher nicht geübt hat. Aber jeder Erwachsene hat die Möglichkeit, anschließend an das Aufschreiben die Rechtschreibung mithilfe eines Wörterbuches oder per Nachfrage zu überprüfen, wenn das Schreiben für jemand anderen bestimmt ist, während den Kindern diese Möglichkeit verwehrt wird.

Zugegebenermaßen brauchen viele Erwachsene die Fähigkeit, die meisten Wörter richtig zu schreiben, ohne sie vorher extra geübt zu haben. Diese Fähigkeit aber wird durch langes Üben der richtigen Schreibstrategien allmählich aufgebaut. Sie ab dem dritten Schuljahr zu verlangen ist ähnlich absurd, wie wenn man einen Sechsjährigen in ein Auto setzen und losfahren lassen wollte, weil er das als Erwachsener auch können muss, und allenfalls das Auto noch etwas kleiner und einfacher konstruiert. Auf der anderen Seite wäre es natürlich auch unsinnig, wenn man die Kinder bis ans Ende ihrer Schulzeit nur wörtlich vorgeübte Diktate schreiben lassen wollte. Aber das, was man den Kindern in den so genannten ungeübten Diktaten abverlangt, muss viel vorsichtiger eingeführt, viel sorgfältiger aufgebaut und geübt werden, als das derzeit üblich ist.

Es ist durchaus sinnvoll, Texte ab dem dritten Schuljahr nicht mehr genau so vorzuüben, wie sie dann diktiert werden. Wenn man aber aus den bekannten und geübten Wörtern neue Sätze baut, so muss man vorher sorgfältig die Strategie geübt haben, Satzanfänge zu erkennen und großzuschreiben (vgl. Abschnitt 4.2.1).

Alle übrigen Wörter und Wortformen müssen zunächst noch so geübt werden, wie sie in den Texten vorkommen. Zunächst ist es für die Kinder schon eine große Anforderung, im Kontext des Diktates den Sinn zu verstehen, sich an das Üben der Wörter in anderem Kontext zu erinnern und sie dadurch richtig zu schreiben. Zusätzlich an die Großschreibung der Satzanfänge zu denken, ist schon eine beträchtliche Leistung, zu deren Bewältigung und Automatisierung man den Kindern einige Zeit lassen kann.

Allmählich kann man auch davon ausgehen, dass die Kinder einige sehr häufige Wörter richtig schreiben können, weil sie einfach als Schreibungen gespeichert sind. Besonders frühe, wichtige Fibelwörter werden in der Regel von allen Kindern beherrscht und können daher auch ungeübt in abgeänderte Texte mit hineingenommen werden. Insgesamt werden aber von den Kindern viel weniger Wörter sicher beherrscht, als die Lehrerinnen und Lehrer meist annehmen.

Die Fähigkeit zur lautgetreuen Schreibung ist die Grundlage der Rechtschreibfähigkeit. Sie sollte eigentlich bis zum Ende des zweiten Schuljahres aufgebaut sein. Wenn die Kinder diese beherrschen, so kann man mit ihnen trainieren, lautgetreue Übungsdiktate zu schreiben, bei denen die Wörter nicht vorher geübt wurden. So lange sich die Kinder darauf verlassen können, dass alle Wörter lautgetreu sind, brauchen sie nur die Grundstrategie des rhythmisch-synchronen Sprechschreibens sorgfältig anzuwenden, um fehlerlos zu schreiben. Allerdings machen sie diese Erfahrung nur, wenn Verstöße gegen die Großschreibung und die Zusammen- und Getrenntschreibung nicht als Fehler zählen. Außerdem muss die Lehrkraft bei einigen Wörtern vorher die Pilotsprache gründlich erarbeiten lassen.

Wenn man im zweiten Schuljahr schon die Strategie eingeführt hat, die Artikel als Signal für die Großschreibung des Chefs zu nehmen, wobei der Chef aber noch ein konkretes Substantiv ist (vgl. Abschnitt 4.2.7), so kann man auch schon Texte erfinden, bei denen auch Verstöße gegen die Groß- und Kleinschreibung als Fehler gelten, weil nur konkrete Substantive mit Artikel vorkommen. Folgender Text von 77 Wörtern könnte beispielsweise den Kindern gegen Ende des dritten Schuljahres diktiert werden:

> Im *Park* können wir *manchmal Eichhörnchen beobachten.* Die Eichhörnchen haben einen rotbraunen Pelz und einen langen, buschigen Schweif. Wir müssen staunen, wie sie auf einen Baum *klettern* und in den Zweigen *herumhüpfen* können. Den Schweif brauchen sie, um bei den Sprüngen zwischen den Zweigen genau *steuern* zu können. Sie holen die *Tannenzapfen* aus den *Wipfeln* der Tannen, lösen die *Schuppen* und fressen die Samen, welche unter den Schuppen liegen. Sie fressen aber auch die Früchte *anderer Baumarten.*

Die kursiv gedruckten Wörter müssen auf jeden Fall in der Pilotsprache erarbeitet werden. Je nach Leistungsstand der Klasse kann es nötig sein, auch die unbekannteren Wörter mit doppeltem Mitlaut wie „Schuppen“ und „fressen“ zu besprechen. Bei sehr schwachen Klassen muss man vielleicht auch bei den Wörtern mit Konsonantenhäufungen wie „braunen“ die Konsonantenfolge anhand der Buchstabenfolge bewusst machen.

Geht man davon aus, dass die Kinder inzwischen gelernt haben, Silben, die auf /i:/ enden, mit ie zu schreiben, so muss man das Wort „buschigen“ vorher üben, da hier die auf i endende Silbe kein ie hat. Dabei nützt es nichts, das Wort „buschig“ zu üben, da diese Schwierigkeit erst in der deklinierten Form auftritt. Statt das Wort vorher zu üben, kann man auch, nachdem der Text fertig diktiert wurde, die Kinder bitten, dieses Wort im Text aufzusuchen, ihnen dann erklären, warum es nicht mit ie geschrieben wird, und sie bitten, das e notfalls auszustreichen. Die Methode, solche Hinweise während des Diktates zu geben, ist schlecht, da dann gerade die schwächeren Schüler so intensiv mit dem Sprechschreiben beschäftigt sind, dass sie den Hinweis nicht mitbekommen.

Auch das Wort „Pelz“ muss anschließend noch einmal aufgesucht und die Schreibung mit z kontrolliert werden, da man diese nur durch Verlängerung sicher erkennen kann (vgl. die Aussprache von „Fels“). Ebenso muss auf die Großschreibung des letzten Wortes hingewiesen werden, denn sie wird nicht durch den Artikel angekündigt und das Wort bezeichnet nicht einmal etwas Konkretes. Wahrscheinlich kann man den Kindern zumuten, die Großschreibung von „Sprüngen“ zu erkennen, obwohl es sich hier um etwas Abstrakteres handelt, da der Artikel direkt davor steht. Ansonsten aber kann man den Kindern am Ende des Diktates Zeit geben, sämtliche Artikel zu suchen und zu überprüfen, ob sie deren Chefs großgeschrieben haben.

Darüber hinaus enthält der Text die Lernwörter „und“ und „wir“, die aber im dritten Schuljahr schon als sichere Schreibung gefestigt sein sollten.

Wenn man die Diktate in dieser Weise sorgfältig erarbeitet, wird es wahrscheinlich kaum Kinder geben, die viele Fehler machen, sodass die Noten nicht mehr normal verteilt sind. Wenn das geschieht, ist das sehr erfreulich, und zeigt, dass die Lehrkraft gut unterrichtet hat und alle Kinder die erforderlichen Strategien gelernt haben. Soll die Lehrkraft etwa schlechter unterrichten, damit nicht alle Kinder die richtigen Strategien erlernen? Oder soll sie doch ein paar die Kinder verunsichernde Rechtschreibfallen einbauen, um die Normalverteilung zu retten? In einem solchen Fall, in dem die Gesellschaft letztlich weitgehend Fehlerlosigkeit fordert, ist die Forderung nach Normalverteilung in den Fehlerzahlen und den Noten völliger Unsinn. Vielmehr muss die weitgehende Fehlerlosigkeit bei den Kindern das Ziel sein, das auch von den Behörden anzuerkennen ist, um die Kinder für die Forderungen der Gesellschaft auszurüsten.

Nimmt man allerdings im vierten Schuljahr in verstärktem Maße nicht lautgetreue Wörter in die Texte auf, so kann man möglicherweise beobachten, dass einige Kinder in Panik geraten und auf einmal ständig gegen die lautgetreue Schreibung verstoßen. Die Kinder wittern nun überall Rechtschreibbesonderheiten und trauen der Grundstrategie nicht mehr. Dem kann die Lehrkraft entgegenwirken, indem sie die Kinder in Ruhe darauf hinweist, dass man ein ä, ein ß oder einen doppelt notierten Mitlaut nur dann schreiben darf, wenn man eine Begründung dafür hat. Wenn aber Lernwörter im Text vorkommen, z.B. mit h als Längenzeichen, mit nicht ableitbarem ä oder mit v, so ist es fair, wenn die Lehrkraft den Kindern nach dem Schreiben des Diktates sagt, wie viele Wörter mit dieser Rechtschreibbesonderheit im Text enthalten sind, und ihnen dann Zeit gibt zu prüfen, ob sie diese Wörter richtig erkannt haben, eventuell auch mit Wörterbuch. Voraussetzung ist allerdings, dass alle die Wörter mit nicht lautgetreuen Schreibungen vorher gründlichst geübt wurden, sodass die Kinder sie im Diktat auch sicher wieder erkennen. Nur dann reicht es für die lautgetreuen Wörter aus, sie mündlich zu erarbeiten.

Das heißt, bei den so genannten ungeübten Diktaten im dritten und vierten Schuljahr brauchen nur die allerhäufigsten Wörter wie „und“, „ist“ usw. nicht mehr vorgeübt zu werden. Bei sämtlichen nicht lautgetreuen Wörtern reicht es nicht, wenn sie in irgendwelchen Zusammenhängen ein- oder zweimal geschrieben wurden, sondern sie müssen bewusst kognitiv erarbeitet und dann so geübt werden, dass die zur Richtigschreibung notwendigen Gedankengänge ohne große Anstrengung verfügbar sind (vgl. Abschnitt 3.4).

Dabei kann man von den Kindern noch nicht erwarten, daß sie „er rennt“ schreiben können, weil sie „rennen“ geübt haben. Die konjugierte Form ist, im Gegensatz zur Grundform, nicht mehr lautgetreu und muss deshalb gesondert geübt werden.

Nach und nach können auch Strategien zum Bewältigen ungeübter Schreibungen eingeführt, sorgfältig geübt und dann auch den Kindern abverlangt werden. So kann man z.B. im vierten Schuljahr durch die Arbeit mit Vorsilben allmählich die Strategie aufbauen, dass die Kinder sämtliche Vorsilben, auch die nicht lautgetreuen Vorsilben ab-, ver-, vor-, miss- usw., erkennen und richtig schreiben. Es ist dann z.B. durchaus möglich, Wortstämme ohne Vorsilbe vorzuüben, obwohl sie im Diktat in einem durch die Vorsilbe deutlich veränderten Sinn vorkommen. Das Trennen von Vorsilbe und Wortstamm und das Wiedererkennen des Wortstammes ist dann die erste höhere Rechtschreibstrategie, die auch zum Bewältigen ungeübter Wörter dienlich ist. Allerdings muss man sehr genau schauen, wie viel Wendigkeit die Kinder in dieser Strategie schon aufbringen. Wenn das Wort „nehmen“ geübt wurde, können die Kinder diesen Wortstamm in der Wendung „sich etwas vornehmen“ durchaus wieder erkennen. Um ihn in „vornehm“ zu erkennen, braucht es aber wahrscheinlich noch sehr viel mehr Spracherfahrung, als die meisten Kinder im vierten Schuljahr gesammelt haben.

Wenn dann die Strategie der Ableitung von Verben ausreichend geübt wurde, reduziert sich die Zahl der vorzuübenden Wörter sehr stark, und mit jeder weiteren Strategie brauchen weniger Wörter vorgeübt zu werden. Ebenso kann auch im Bereich der Großschreibung den Kindern langsam etwas mehr abverlangt werden. So kann man allmählich erwarten, dass das Erkennen des Chefs schon so gut geübt wurde, dass auch Abstrakta, die durch einen Artikel angekündigt werden, richtig erkannt und großgeschrieben werden. Andererseits sollten die Kinder inzwischen auch fähig sein, die Bezeichnungen für Lebewesen und konkrete Gegenstände auch ohne Artikel davor zu erkennen und großzuschreiben. Jede solche neue Schwierigkeitsstufe sollte aber vorher noch einmal besprochen und geübt werden, bevor sie den Kindern im Diktat abverlangt wird.

Damit zeigt sich, dass es eigentlich eine hohe Kunst ist, Kinder so genannte ungeübte Diktate schreiben zu lassen. Wenn angeblich 20 Prozent der Schüler und Schülerinnen einer Klasse rechtschreibschwach sind, so haben die Lehrer versagt und das, was sie den Kindern im Diktat abverlangten, nicht sorgfältig genug vorgeübt.

Der Lehrer muss sich also sehr genau überlegen, wenn er einen Diktattext ausgewählt hat:

- welche Wörter sind schon so bekannt, dass alle Kinder sie völlig sicher beherrschen, und
- welche Wortschreibungen können die Kinder durch die Strategien, die sie bisher gut geübt haben, sicher aus Bekanntem erschließen.

Alle anderen Wörter müssen sorgfältig vorgeübt werden. Wenn sich damit zu viele vorzuübende Wörter ergeben, sodass eine sorgfältige Diktatvorbereitung nicht zu schaffen ist, so ist das Diktat zu schwierig und muss umformuliert werden.

7 Das Problem der Kinder mit Lese-Rechtschreib-Schwäche

Eine Zeit lang sprach man von Legasthenikern, dann von Kindern mit Lese-Rechtschreib-Schwäche, dann von Kindern mit besonderen Schwierigkeiten im Erlernen des Lesens und Rechtschreibens.

Eine Zeit lang wurden von den Schulbehörden große Anstrengungen unternommen, um diesen Kindern zu helfen. Selbst die Krankenkassen wurden einsichtig und finanzierten Therapien für diese Kinder. Dann wurden alle diese Hilfen wieder abgeschafft und die Lehrer angewiesen, so zu unterrichten, dass alle Kinder das Lesen und Schreiben zufriedenstellend lernen.

Doch völlig unabhängig von allem Hin und Her dieser Verordnungen und Regelungen: Die Kinder, die das Lesen und Schreiben nicht in der ihnen angemessenen Weise erlernen und deren ganzes Leben dadurch verpfuscht wird, die gibt es. Aber das Problem ist so vielfältig und komplex, dass es durch Verordnungen nicht in den Griff zu bekommen ist.

Ein paar der damit verbundenen Probleme sollen hier angeschnitten werden, um zum Nachdenken anzuregen. Lösungen dafür sind noch nicht in Sicht, zumindest nicht die *eine* Lösung, durch die das Problem bewältigt wird.

In den Siebzigerjahren wurden an den Schulen Förderkurse eingerichtet, um diesen Kindern zu helfen. Abgesehen davon, dass die Förderdidaktik noch viel zu wenig weit entwickelt war, um für diese Kinder wirklich wirksame Hilfen anzubieten, brachte diese Maßnahme einige ganz gravierende andere Probleme mit sich.

Der oben gewählte Ausdruck „Kinder, die das Lesen und Schreiben nicht in der ihnen angemessenen Weise erlernen“ ist bewusst schwammig gewählt, denn eine klare Abgrenzung zwischen denen, deren Lernerfolg ihnen angemessen ist, und den anderen ist nicht möglich. Zwar gibt es die klaren Extremfälle, dazwischen aber eine riesige Grauzone, die den Eltern die Möglichkeit gibt, sich überzogene Bildungshoffnungen für ihre Kinder zu machen und sie in die Förderkurse oder gar in Einzelförderung zu schieben. Hinzu kommt noch das Argument der sozialen Gerechtigkeit. Warum soll ein Kind, das sowieso schon privilegierter ist, eher in den Genuss einer speziellen Förderung kommen, als ein vom ganzen Milieu her unterprivilegiertes Kind; nur deshalb, weil dort die Umwelt die Lernmisserfolge eher für angemessen hält?

Ein Ausweg wurde darin gesucht, einfach alle Kinder, die in einem Test einen Prozentrangplatz unter 25 oder unter 15 haben, in die Förderung aufzunehmen. Abgesehen davon, dass damit den Tests ein völlig überhöhtes Maß an Exaktheit zugesprochen wurde, war dieser Denkansatz falsch. Die 25 % schlechtesten Rechtschreiber wird es immer geben. Wären die Kurse erfolgreich gewesen, sodass alle diese Kinder nun gute Rechtschreiber geworden wären, so hätte man die Tests neu normieren müssen, und das ganze Problem hätte von vorne begonnen. So kann man zwar die allgemeine Rechtschreibfähigkeit der Bevölkerung heben, das Problem der Legastheniker löst man damit nicht. Im Gegenteil, man verschärft es, weil die Legastheniker sich dann zu noch höherem Niveau emporarbeiten müssen. Außerdem gibt es in allen Fächern Kinder mit unangemessen wenig Lernerfolg. Wenn nur im Rechtschreiben eine Zusatzförderung eingerichtet wird, in den anderen Fächern nicht, so verstärkt das die lästige Überschätzung der Bedeutung der Rechtschreibung bei den Beteiligten und ihrer Umwelt in übelstem Maße.

Die speziellen Förderkurse für Kinder mit Lese-Rechtschreib-Schwäche bringen noch ein anderes Problem mit sich: Die Rechtschreibfähigkeit der Kinder hängt durchaus auch mit der Qualität des Rechtschreibunterrichts zusammen. Definiert man nun intelligente Kinder mit besonders schlechten Rechtschreibleistungen als Legastheniker, so empfinden Lehrer die Förderung dieser Kinder nicht mehr als ihre Aufgabe. Für diese Kinder helfen ja nur ganz besondere Fördermaßnahmen, die nicht mehr in das Ressort eines Normallehrers gehören. Damit können die Lehrkräfte aber im Rechtschreibunterricht entweder schneller vorangehen oder die Zeit für interessantere Unterrichtsinhalte verwenden. Wenn wieder einige Kinder dadurch absacken, so sind das eben Legastheniker, die erst später als solche erkannt wurden. Das heißt, die Qualität des regulären Rechtschreibunterrichts sinkt durch die Definition schlechter, aber intelligenter Rechtschreiber als Legastheniker und die Einrichtung von Förderkursen. Schließlich wird die Rechtschreibdidaktik und die Anforderung an der besseren Hälfte der Kinder ausgerichtet, die zu immer höheren Leistungen hochgetrimmt werden, während die andere Hälfte dem Stress des Versagens ausgeliefert wird, zum Teil noch mit dem Zusatzetikett versehen, dass sie eben Legastheniker seien und dieses Versagen als Schicksal akzeptieren müssten.

Von daher war es sehr sinnvoll, diese Förderverordnung abzuschaffen und die Lehrer wieder in die Pflicht für Lernerfolge *aller* Kinder zu nehmen. Das konnte wenigstens den „Legastheniker“boom stoppen. Aber das Grundproblem, dass einige Kinder im Lesen und Schreiben versagen und daran psychisch und körperlich krank werden, bleibt bestehen.

Einige dieser versagenden Kinder fallen auch schon vor Schuleintritt auf. Zum Teil sind ihre Bewegungen ungelenk, schlecht kontrolliert und unkoordiniert, zum Teil bleiben sie in ihrer Sprachentwicklung so weit zurück, dass sie schon in diesem Bereich eine besondere Förderung brauchen, zum Teil fallen sie durch starke Hypermotorik und besondere Ablenkbarkeit auf. Diese Abweichungen von der Normalität kann man als krank definieren, und die Legasthenie wäre dann eine Krankheitsfolge, die in den Bereich der Krankenkassenpflichten gehört. Für viele der Extremfälle trifft das durchaus zu, aber auch diese Lösung bringt große Probleme mit sich:

- Die Diagnose liegt in der Hand der Ärzte, die noch weniger als die Lehrer dafür ausgebildet sind zu beurteilen, ob ein Lernerfolg angemessen ist oder nicht.
- Die Ärzte sind fast noch anfälliger für Bildungsambitionen der Eltern als die Lehrer, sodass auch hier die Eltern die Grauzone ausnutzen und in

überhöhtem Maße eine Förderung ihrer Kinder auf Krankenkassenkosten durchsetzen können. In Anbetracht der sonstigen Belastungen der Krankenkassen ist das unhaltbar.
- Hinzu kommt, dass es durchaus auch extreme Fälle gibt, bei denen keinerlei organische Ursache erkennbar ist, was die Diagnosesicherheit für die Ärzte sehr erschwert.

So ist der derzeitige Stand, dass die Krankenkassen sich immer heftiger weigern, Therapie für diese Kinder zu finanzieren, mit dem Erfolg, dass diesen Kindern nicht geholfen wird. Kinder, die schweren Lese- und Rechtschreibschwierigkeiten hilflos ausgeliefert sind, leiden aber zum Teil so stark darunter, dass sie organische Krankheiten entwickeln. Andere gleiten in die Kriminalität ab, wieder andere in Passivität und Depressionen, sodass viele „Legastheniker" aufgrund dieser Behinderung später nicht fähig sind, ein normales, gesundes Erwachsenenleben zu führen.

Bei Kindern, die in dieser Form von einer seelischen Behinderung bedroht sind, muss das Jugendamt nach dem neuen KJHG Legasthenie-Therapie finanzieren, und zwar unabhängig vom Einkommen der Eltern. Diese Tatsache birgt wieder die Gefahr in sich, dass die Grauzone zwischen den eindeutig dringenden Fällen und den eindeutig nicht betroffenen Kindern zu einem Ausufern von Verschreibungen führt, bei dem dann die Kosten von den entsprechenden Jugendämtern als schwer tragbar empfunden werden. Auch eine solche Entwicklung ist nicht wünschenswert.

Ganz sicher ist, dass die Zahl der Kinder, die eine Lese-Rechtschreibschwäche entwickeln, sehr von der Qualität des Unterrichts abhängt. Ebenso sicher ist aber auch, dass die Kinder mit unterschiedlich günstigen Voraussetzungen zum Schriftspracherwerb in die Schule kommen. Bei einem schlechten Unterricht werden viele von den Kindern mit schlechten Voraussetzungen Schwierigkeiten beim Schriftspracherwerb haben. Aber auch bei gutem Unterricht wird es immer wieder Kinder mit so schlechten Voraussetzungen für den Schriftspracherwerb (trotz sonst normaler Intelligenz!) geben, dass sie eine „Legasthenie" entwickeln – ganz abgesehen davon, dass Lehrer auch Menschen sind, die den allgemein-menschlichen Unterschieden und Beeinträchtigungen ausgesetzt sind, sodass es immer auch schlechte Lehrer und schlechten Unterricht geben wird. So vermögen Maßnahmen der Lehrerfortbildung zwar sicher zur Linderung des Problems beizutragen, und das ist dringend notwendig. Vollständig lösen kann man das Problem damit aber sicher nicht. Wünschen würde ich mir als Beitrag zur Lösung des Problems:

a) Einrichtung von Förderkursen in kleinsten Gruppen und von Einzelförderung an den Schulen, die von wirklich qualifizierten Legasthenietherapeuten oder Förderlehrern abgehalten werden, ab dem ersten Schuljahr.
b) Um die Grauzone in der Zuweisung der Kinder zu den Kursen zu vermeiden, müssen klare, objektiv messbare absolute Mindestleistungen für die verschiedenen Zeitpunkte in der Schullaufbahn definiert werden. Und nur Kinder, die zu diesem Zeitpunkt nicht zu diesen Leistungen fähig sind, werden in die Förderung aufgenommen. Testergebnisse als Zuweisungsstrategien sind so lange ungeeignet, als die Tests am durchschnittlichen Können der Gesamtpopulation normiert werden. Denn bei

einer allgemeinen Hebung des Rechtschreibniveaus durch eine solche Förderung müssten sonst die Tests neu normiert werden. Damit würden die Zuweisungskriterien verschärft und die Förderung nähme kein Ende.

Mögliche Zuweisungskriterien für Förderkurse wären z.B.:

- Nach drei Schulmonaten wären Kinder aufzunehmen, die normale zwei- bis viersilbige Wörter des Grundwortschatzes noch nicht sicher in Sprecheinheiten gliedern können oder die eine Sprecheinheit, die aus einem schon gelernten Konsonanten und Vokal besteht, nicht nach dem Klang in Buchstaben legen können.
- Nach dem ersten Schulhalbjahr wären wohl Kinder aufzunehmen, die ein Pseudowort, das aus den bekannten Buchstaben nach dem Schema Konsonant-Vokal-Konsonant-Vokal konstruiert ist, nicht erlesen können.
- Nach dem ersten Schuljahr könnte etwa die Mindestanforderung sein, dass die Kinder ganze Sätze ungeübt so aufschreiben können, dass sie vom Klang her decodierbar sind.

Das sind Ideen, die natürlich bei Bedarf erst genauer ausgearbeitet und für die späteren Jahrgänge fortgeführt werden müßten.

c) Um dem Problem zu begegnen, dass durch Einrichtung einer Zusatzförderung die allgemeine Qualität des Rechtschreibunterrichts sinkt, müsste die Diagnosc von einer Stelle durchgeführt werden, die so weit mit der unterrichtenden Instanz verbunden ist, dass z.B. bekannt ist, welche Buchstaben die Kinder schon gelernt haben und welche Wörter in dieser Schule/dieser Gegend zum Grundwortschatz zählen. Aber sie müsste so weit unabhängig sein, dass sie nicht in Gefahr ist, ein Versagen einer größeren Schülerzahl aus Rücksicht auf die Lehrkräfte zu vertuschen. Sie müsste vielmehr die Fähigkeit und die Kompetenz haben, hier einzugreifen und eine allgemeine Verbesserung des Unterrichts zu bewirken.
Die Kosten für die Förderung und Therapie müssten unbedingt bei der Stelle eingefordert werden, die für das Schulwesen verantwortlich ist (bei uns also das Kultusministerium). Damit soll erreicht werden, dass diese Stelle selbst in höchstem Maße an der Qualität des regulären Lese- und Rechtschreibunterrichts interessiert ist und eingreift, sobald die steigende Anzahl förderungsbedürftiger Kinder auf sinkende Unterrichtsqualität hinweist.

Anhang

1. Definition lautgetreuer Schreibung und kognitive Zusätze

(Die Prozentangaben stammen aus der Untersuchung von C.L. Naumann 1987)

		Lange Vokale
Laut	häufigste Schreibung	Kogn. Zusätze bei abweichender Schreibung
/a:/	a (88 %)	nah: gehört zu „na-he“, also mit ah! fahren: mit ah! Gefahr: gehört zu „fahren“, also mit ah! Wörter mit aa analog.
/e:/	e (86 %)	Reh: gehört zu Re-he, also mit eh! dehnen: mit eh! Dehnung: gehört zu dehnen, also mit eh! Wörter mit ee analog.
/o:/	o (88 %)	froh: gehört zu fro-he, also mit oh! Lohn: mit oh! Belohnung: gehört zu Lohn, also mit oh! Wörter mit oo analog.
/u:/	u (97 %)	Schuh: gehört zu Schu-he, also mit uh! Stuhl: mit uh!
/ɛ:/	ä (66 %)	er mäht: gehört zu mä-hen, also mit äh! allmählich: mit äh! wählen: gehört zu Wahl, also mit äh! („Wahl“ muss natürlich vorher geübt sein!) Säge: mit Pünktchen-ä! er schläft: kommt von schlafen, also mit Pünktchen-ä
/ö:/	ö (85 %)	stöhnen: mit öh unversöhnlich: gehört zu Sohn, also mit öh
/ü:/	ü (80 %)	Bühne: mit üh! Stühle: gehört zu Stuhl, also mit üh! („Stuhl“ muss natürlich vorher geübt sein!)
/ei/	ei (99 %)	verzeiht: gehört zu verzei-hen, also mit eih! Mai: mit a-i (Gruppenlernen!)
/au/	au (100 %)	rau: gehört zu rau-e, also mit au!
/eu/	eu (85 %)	Sträucher: gehört zu Strauch, also mit ä-u Säule: mit ä-u! (Gruppenlernen!)
/i:/	ie (78 %)	ihn: mit ih! (Gruppenlernen!) Vieh: mit ieh! er zieht: gehört zu zie-hen, also mit ieh! Maschine: Endung -ine, also einfach i! mir, dir, wir, gib: Sparschreibung, also einfach i! Politik: Fremdwort, also kein ie! dividieren: Fremdwort-Stamm kein ie, Endung -ieren immer ie. Demokratie: Endung -ie immer ie! Tiger, Fabrik … Gruppenlernen!

		Kurze Vokale
/a/	a	
/i/	i	
/o/	o	
/u/	u	
/ö/	ö	
/ü/	ü	
/ɛ/	e (88 %)	tatsächlich: gehört zu Tatsache, also mit ä!
		Konsonanten
/r/	r (90 %)	sperren: sper-ren er sperrt: kommt von sper-ren, also mit Doppel-r! Herr: gehört zu Her-ren, also mit Doppel-r herrlich: gehört zu Her-ren, also mit Doppel-r!
/l/	l (85 %)	ll analog zu rr
/m/	m (92 %)	mm analog zu rr
/n/	n (96 %)	nn analog zu rr
/ng/	ng (87 %) sonst nk	nk möglichst nicht problematisieren!
/p/	p (57 %) Auslautverhärtung und kombinatorische Verhärtung	pp analog zu rr Dieb: gehört zu Diebe, also hinten b! Raubüberfall: gehört zu rauben, also Raub mit b! geraubt: gehört zu rauben, also mit b! Herbst: mit b! (Gruppenlernen!)
/b/	b (100 %)	bb analog zu rr
/t/	t (77 %)	tt analog zu rr d analog zur Auslautverhärtung bei b Stadt: mit d-t! (evtl. auch Gruppenlernen) Theater: mit Th (evtl. auch Gruppenlernen)
/d/	d (100 %)	dd analog zu rr
/k/	k (69 %)	ck analog zu rr g analog zur Auslautverhärtung bei b Quelle: /Kw/ immer Q-u!
/g/	g (100 %)	gg analog zu rr
/f/	f (54 %)	ff analog zu rr verlieren: Vorsilbe ver, also mit v! vorkommen: Vorsilbe vor, also mit v … aktiv: Fremdwortendung iv, immer mit v! Volk: Mit V (Gruppenlernen) bevölkert: gehört zu Volk, also mit v! Philosophie: Fremdwort, mit Ph!
/w/	w (98 %)	Venus: Mit V! (Gruppenlernen) Quelle: /Kw/ immer mit Q-u!
/z/	s (100 %)	
/s/	s (76 %)	ss analog zu rr Straße: Stra-ße, also mit ß (Regel: /s/ am Silbenanfang immer ß!) In manchen Gegenden wird nicht zwischen stimmhaftem und stimmlosem s-Laut unterschieden. Hier ist es sinnvoll, die ca. 50 Wortstämme mit ß als Merkwörter zu behandeln und extra lernen zu lassen. Kognitiver Zusatz wäre dann: Straße mit ß!

		Fuß: gehört zu Fü-ße, also mit ß!
		Gas: gehört zu Ga-se, also mit s!
		größte: gehört zu gro-ße, also mit ß!
		er beißt: gehört zu bei-ßen, also mit ß!
		er aß: gehört zu wir a-ßen, also mit ß!
		sie las: gehört zu wir la-sen, also mit s!
/ts/	z (84 %)	Katze: Kat-ze
		kratzt: gehört zu krat-zen, also mit tz!
		jetzt: mit tz!
		heizen: nach ei, au, eu nie tz! (tz ist ein Kürzezeichen! Die Diphtonge gelten immer als lang, können also kein Kürzezeichen nach sich haben!)
		Arzt: Nach n, l, r nie tz! (tz zeigt, dass der Vokal kurz ist. l, n, r sind keine Vokale!)
		Skizze: mit zz!
		Aktion: Ak-ti-on
		nichts: nicht-s! Oder: mit t-s!
		nachts, Geburtstag: Genetiv-s!
/ʃ/	sch (55 %)	Stein: entweder: S-tein, oder: /ʃt/ im Anlaut immer s-t!
		Speck analog
		Chef: mit ch! (evtl. Gruppenlernen!)
i/ch/	ch (92 %)	ruhig: Endung -ig (ru-hi-ge!)
a/ch/	ch (100 %)	
/j/	j (100 %)	Familie: Fa-mi-li-e
/h/	h (100 %)	
/ks/	chs (64 %)	trotzdem Hexe als das Normale ohne Zusatz!
		wachsen: wach-sen
		Knicks: von knic·ken, also mit cks
		Keks: mit k-s!
		flugs: heißt eigentlich: im Fluge, also mit gs!

Kognitive Zusätze zur Großschreibung

Konkrete Nomen: Kann man anfassen, also groß.

Maßeinheiten: Name von einer Maßeinheit, also groß.

Abstrakta mit den Substantiv-Endungen -heit, -keit, -nis, -schaft, -tum und -ung: Endet auf …, also groß.

Abstrakta, die man haben kann (z.B. Wind, Husten, Angst): Kann man haben, also groß.

2 Übungsmöglichkeiten zum Einprägen von Wortschreibungen

Die unten vorgeschlagenen Übungen erheben keinerlei Anspruch auf Vollständigkeit. Sie sind innerhalb jeder Gruppe ungefähr nach Schwierigkeit geordnet. Die schwierigeren Übungen sind noch nicht für das 2. Schuljahr geeignet. Einige davon können möglicherweise erst im fünften oder gar siebten Schuljahr eingesetzt werden. Letztlich muss jeder Lehrer selbst nach dem Stand der Klasse entscheiden, welche Übungen er den Kindern vorschlägt.

(Viele dieser Übungen wurden zuerst veröffentlicht im Sprachschlüssel, 5. Schuljahr, Grundausgabe, Klett-Verlag 1983)

Abb. 8

1. Übungen, die häufiges Schreiben des Wortes fördern:

(Hierbei ist es wichtig, dass die Kinder jedes Wort jedes Mal auswendig schreiben, die schon geschriebenen Wörter also abdecken)

- Farbproben: Die Kinder nehmen 2 verschiedenfarbige Filzstifte. Sie schreiben das Übungswort mehrmals abwechselnd in diesen beiden Farben untereinander und rahmen den entstandenen Kasten mit einer der beiden Farben ein. Am nächsten Übungswort wird eine neue Farbkombination ausprobiert (Abb. 8).
- Schriftproben: Die Kinder probieren mit den Übungswörtern unterschiedliche Schriftformen aus: einmal ganz groß, einmal klein, einmal steil, einmal schräg, weit auseinander gezogen oder hoch und eng usw. (Abb. 9).

Abb. 9

- Schnellschreiben: Die Kinder nehmen einen Küchenwecker oder eine Sanduhr aus dem schuleigenen Experimentierkasten und probieren aus, wie oft sie ein Übungswort in einer Minute ohne Fehler schreiben können (Abb. 10).
- Wörterschlange: Die Kinder nehmen ein Blatt ohne Linien. Sie schreiben die Übungswörter nacheinander auf, sodass sie sich in einer großen Schlange über das Papier winden. Wie häufig können sie die Reihe ihrer Übungswörter wiederholen, bis die Schlange das ganze Blatt ausfüllt? (Abb. 11).

Abb. 10

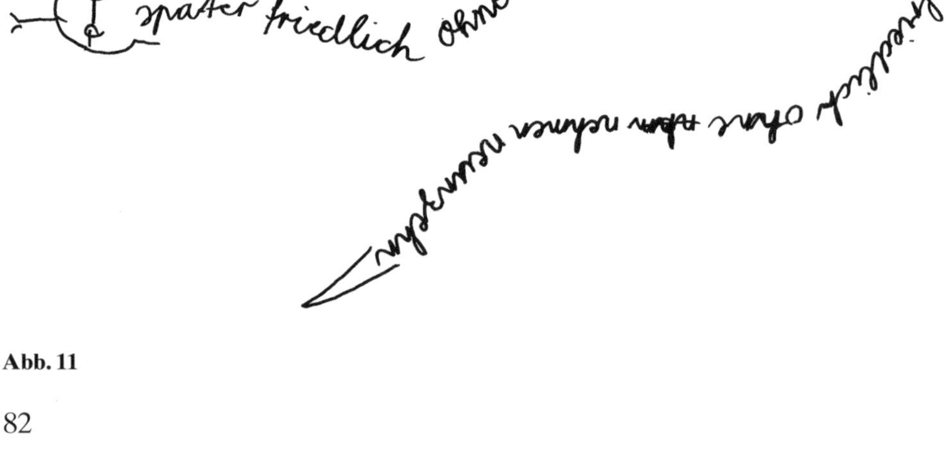
später friedlich ohne nehmen neunzehn
friedlich ohne nehmen neunzehn

Abb. 11

- Wörterbild: Die Kinder können mit den Übungswörtern ganze Bilder formen: Das eine Übungswort bildet die Strahlen der Sonne, das nächste Wände und Dach eines Hauses, das dritte Übungswort den Fußboden usw. (Abb. 12).
- Blatt ausfüllen: Die Kinder schreiben das schwierigste Übungswort ganz groß auf ein Blatt ohne Linien. Darum herum werden die Lücken mit den

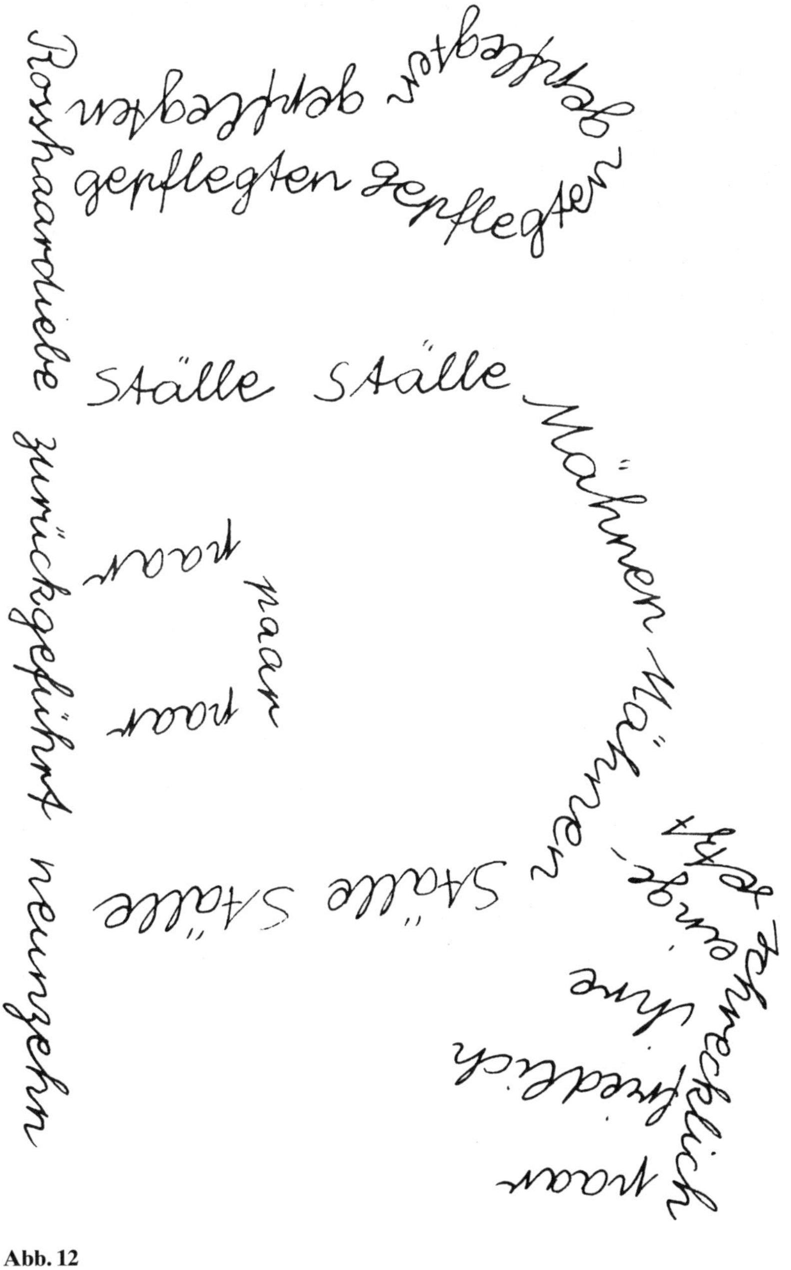

Abb. 12

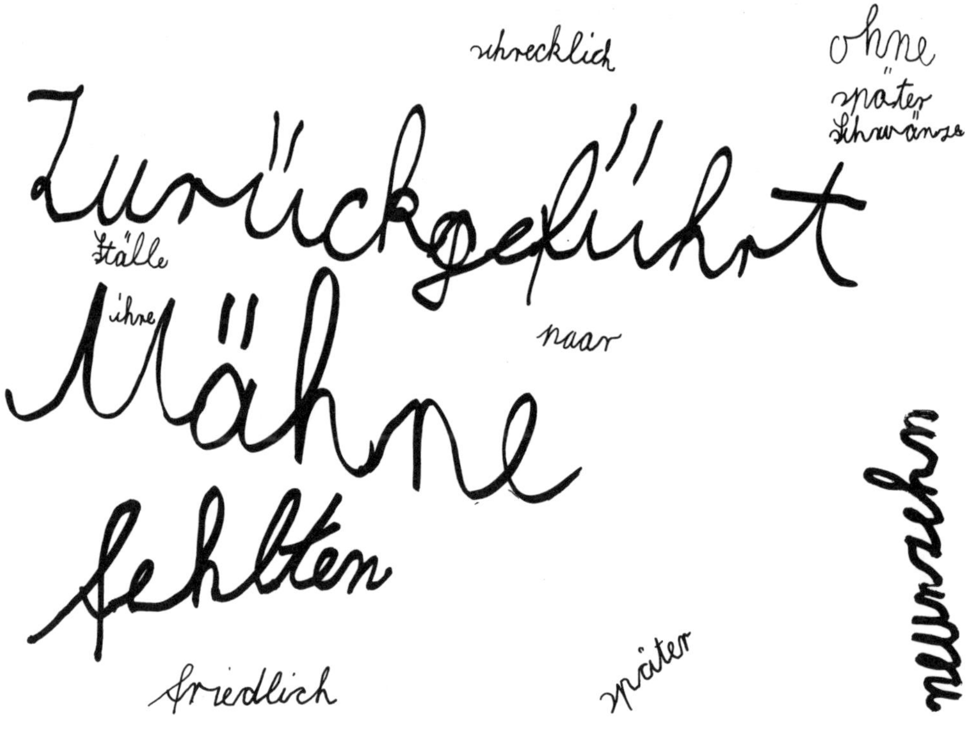

Abb. 13

anderen Übungswörtern ausgefüllt, die auch so groß wie möglich geschrieben werden. Zwischen diesen Wörtern sind wieder Lücken entstanden, die durch kleiner geschriebene Wörter ausgefüllt werden können usw., bis das ganze Blatt gut gefüllt ist (Abb. 13).

- Spinnennetz füllen: Die Kinder malen auf ein Blatt ein ganz großes Spinnennetz. Nun füllen sie die zwischen den Fäden entstandenen Fächer mit Übungswörtern, die sie zur Mitte hin immer kleiner schreiben müssen, damit sie in die Fächer passen (Abb. 14).

Besonders unruhige Kinder, die ungern schreiben, können Partnerspiele machen.

- Wörter hüpfen: Ein quadratischer Hinkekasten aus 3 × 3 Feldern wird im Gruppenraum mit Tesakrepp auf dem Fußboden markiert. Das Kind sucht von einem seiner Übungswörter die Buchstaben aus einem großen Buchstabenkasten. Der Partner verteilt die Buchstabenkarten auf die Felder des Hinkekastens. Nun muss das Kind das Wort erhüpfen, indem es das Wort spricht und in die zum gerade gesprochenen Laut gehörenden Buchstabenkästen springt. Der Partner kontrolliert, ob richtig gesprungen wurde. Dann Rollenwechsel (Abb. 15).
- Die Kinder haben einen ABC-Streifen ergänzt durch die Umlaute und ß. Oben stehen die großen Buchstaben, unten die kleinen.

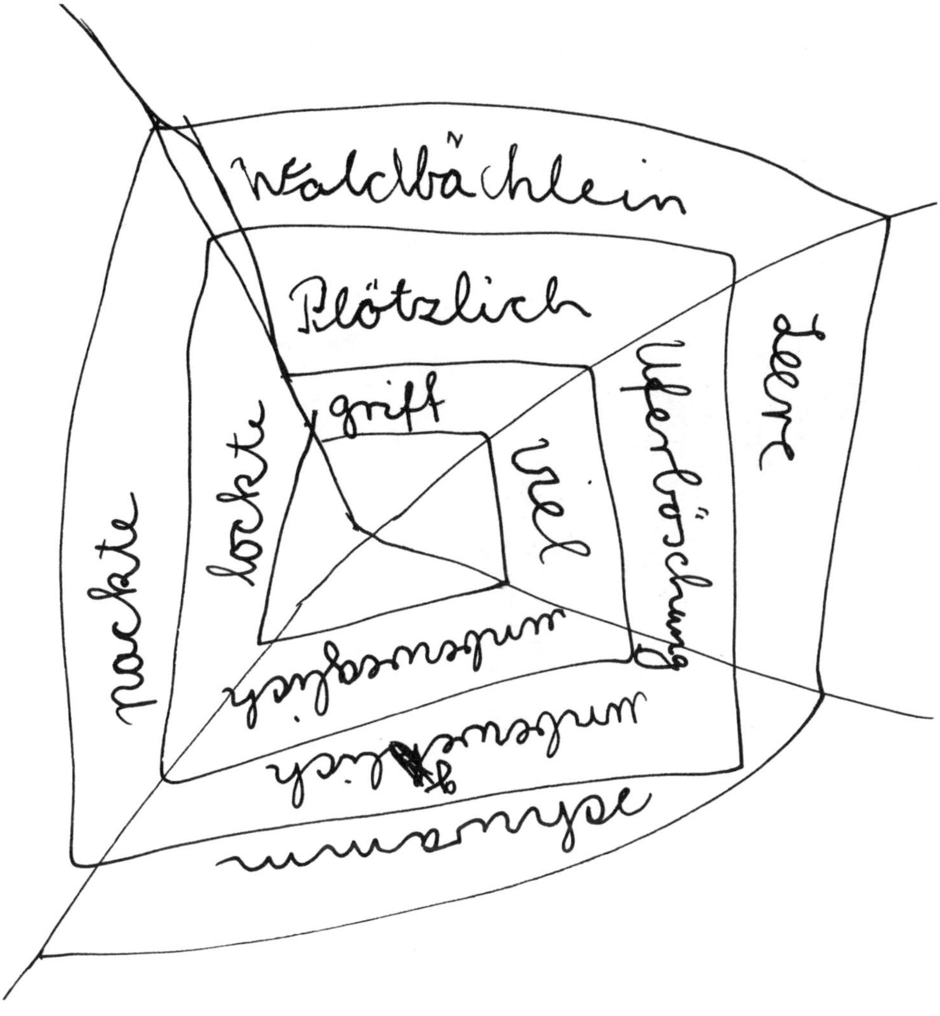

Abb. 14

a) Das Kind schreibt mit Bleistift Zahlen über bzw. unter die Buchstaben, sodass eines seiner Übungswörter entsteht. Der Partner versucht, das Übungswort zu entziffern und kontrolliert anhand der Wörterliste, ob das Wort richtig geschrieben wurde. Die Zahlen werden wieder ausradiert, sodass der ABC-Streifen für ein neues Wort verwendet werden kann (Abb. 16).
b) Der Partner sagt dem Kind eines seiner Übungswörter. Das Kind nennt zunächst eventuell notwendige kognitive Zusätze, die der Partner bestätigen oder korrigieren muss. Dann zeigt das Kind die Buchstabenfolge des Wortes am ABC-Band. Der Partner korrigiert.
c) Das ABC ist durchnummeriert mit den Ziffern von 1–30. Das Kind schreibt eines seiner Übungswörter in „Geheimschrift", indem es statt der Buchstaben Zahlen schreibt. Der Partner muss es wieder entziffern.

Abb. 15

A	B	C	D	E	F	G	H	I	J	K	L	M	N	O	P	Q	R	S	T	U	V	W	X	Y
a	b	c	d	e	f	g	h	i	j	k	l	m	n	o	p	q	r	s	t	u	v	w	x	y
				2	4	1							6						8					
				7	5																			

Z	Ä	Ö	Ü																					
z	ä	ö	ü	ß																				
		3																						

Abb. 16

d) Wie c), aber der Partner schreibt dem Kind eines der Übungswörter in Geheimschrift, das Kind selbst muss es entziffern.
e) Jeder schreibt dem Partner alle seine Übungswörter in Geheimschrift auf. Dann tauschen sie die Blätter. Auf „los“ versuchen beide so schnell wie möglich neben die Zahlenfolgen die richtigen Wörter hinzuschreiben.

– Wörterordnen: nach dem ABC; nach der Anzahl der Sprecheinheiten, nach der Anzahl der Buchstaben, nach der Zahl der Wortbausteine, danach, welche Wörter man am schwierigsten findet usw.

2. Übungen, die das Durchstrukturieren der Wörter fördern:

– Die Kinder schreiben die Übungswörter und nehmen dabei für jede Sprecheinheit des Wortes eine andere Farbe (Abb. 17).

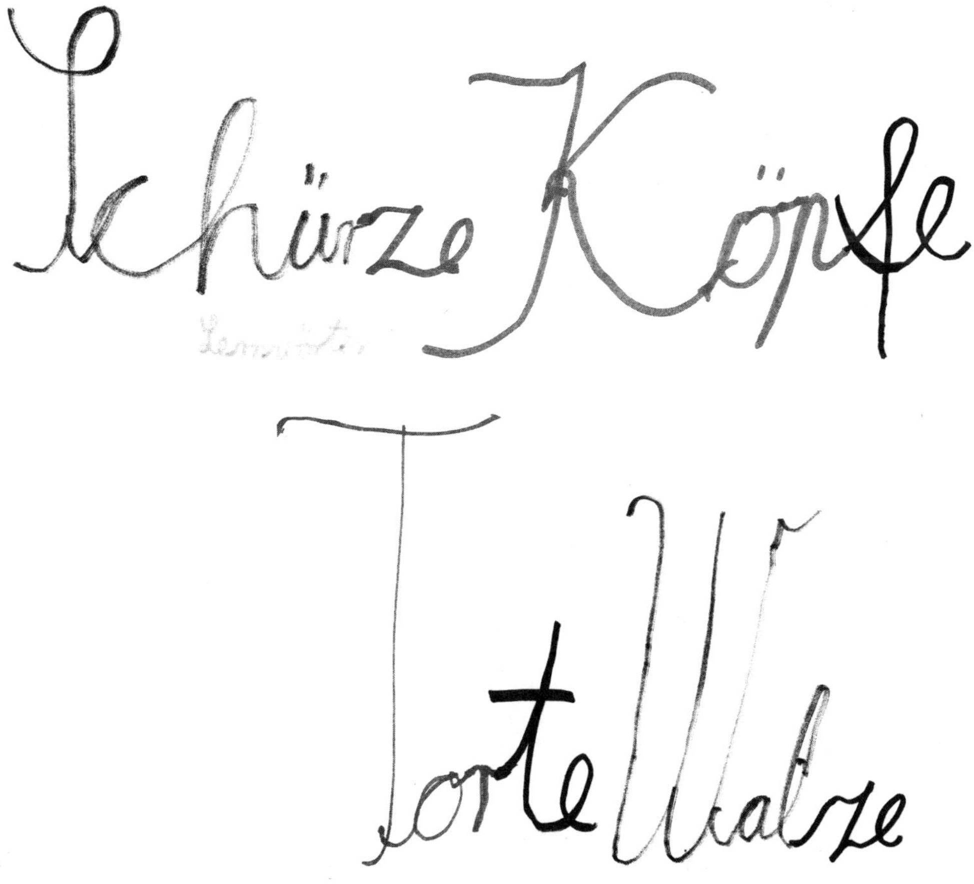

Abb. 17

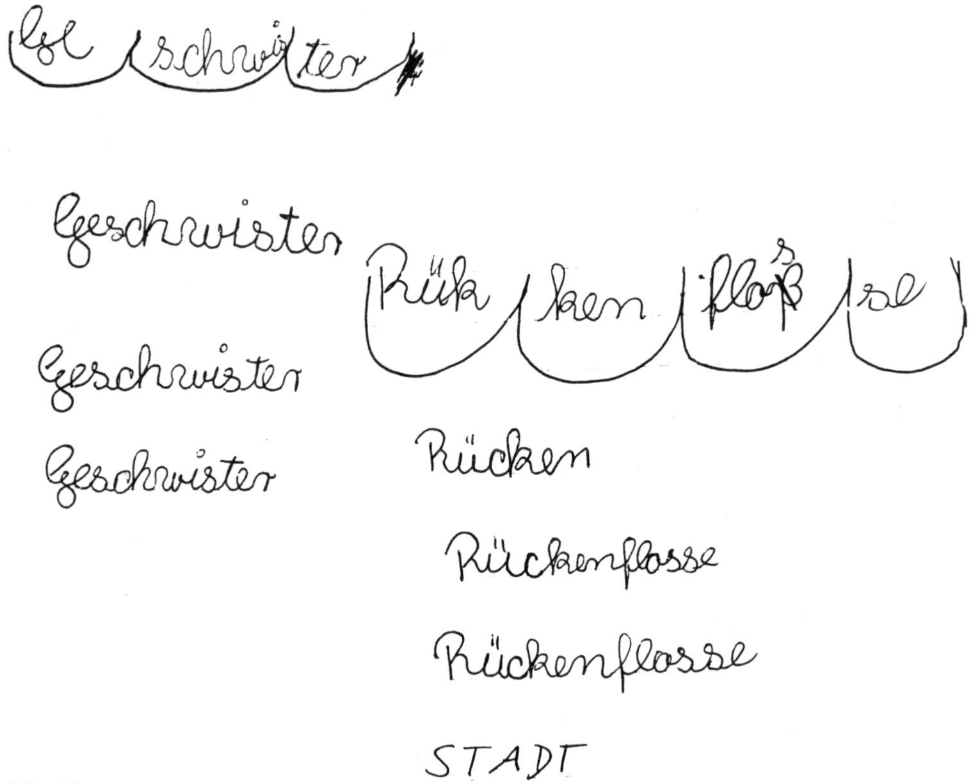

Abb. 18

- Die Kinder malen zunächst die Sprecheinheiten des Wortes als Bögen auf und füllen diese dann einzeln aus.
- Die Kinder schreiben die Wörter auf Papierstreifen und zerschneiden sie dann in ihre Sprecheinheiten. Sie heben diese Zettelchen auf und setzen sie am nächsten Tag wieder zu ihren Wörtern zusammen (Abb. 18).
- Die Kinder malen sich auf Rechenpapier Kreuzworträtsel für ihre Lernwörter, die sie dann am nächsten Tag ausfüllen.
- Die Kinder schreiben die Wörter auf Papierstreifen und zerschneiden sie in ihre Morpheme (Wortbausteine). Sie probieren, ob sie aus den so erhaltenen Bausteinen neue Wörter bilden können.

3. Übungen, die das Behalten der kognitiven Zusätze fördern:

- Die Kinder schreiben das Wort, malen die Stelle, die einen kognitiven Zusatz braucht, farbig. Sie wiederholen mündlich den kognitiven Zusatz und kontrollieren auf ihrer Wörterliste (Karteikarte), ob sie den kognitiven Zusatz richtig formuliert haben.
- Abfragen: Der Nachbar liest dem Kind eines seiner Übungswörter vor. Das Kind spricht das Wort in Pilotsprache und nennt die Rechtschreibbesonderheiten und die kognitiven Zusätze.

Abb. 19

Der Gebrauch von Symbolen: Sehr sinnvoll ist es, für bestimmte Rechtschreibbesonderheiten bestimmte Symbole einzuführen. So kann etwa der doppelte Mitlaut durch ein Doppelhaus symbolisiert werden: . Die Längenzeichen bekämen z.B. folgendes Symbol: 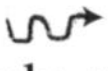 oder 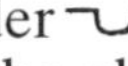, besondere Buchstaben, wie z.B. „v", „ß" oder „ai" werden als solche als Symbol benutzt. Diese Symbole sollten dann über die Schuljahre hinweg immer gleich bleiben. Die Kinder können die Symbole auf kleine Kärtchen schreiben und sie zu vielfältigen Übungen benutzen. Beispiele:

- Symbole zuordnen: Das Kind schreibt seine Lernwörter untereinander auf die linke Blattseite. Neben jedes Wort malt es nun die Symbole für die Rechtschreibbesonderheiten. Am nächsten Tag deckt es die linke Spalte zu, sodass nur noch die Symbole zu sehen sind. Nun versucht es, sich anhand der Symbole an das entsprechende Wort zu erinnern und es rechts neben die Symbole zu schreiben, und vergleicht anschließend.
- Symbole legen: Der Partner nennt eines der Lernwörter des Kindes. Das Kind nennt die Rechtschreibbesonderheiten und die kognitiven Zusätze und legt die entsprechenden Symbolkärtchen hin (Abb. 19).
- Bewegungslernen: Das Kind liest jedes Wort und malt die Symbole für die Rechtschreibbesonderheiten groß mit dem Finger in die Luft. Anschließend versucht es, die Wörter auswendig aufzusagen und die Symbole in die Luft zu malen.

4. Übungen, die den Transfer auf andere Wortformen oder Wörter fördern:

- Das Kind sucht andere Wortformen mit dem zu übenden Wortstamm oder Morphem. Beispiel: Zu dem Wort „zurückgeführt“ sucht sich das Kind: zurückführen, du führst zurück, er führt zurück, wir führen dich zurück.
- Das Kind sucht zusammengesetzte Wörter, die diesen Wortstamm oder das zu übende Morphem enthalten. Beispiel: Zu dem in „zurückgeführt“ enthaltenen Morphem „führ“ sucht das Kind die Wörter Abführmittel, Aufführung, Unterführung, Führerschein, Verführer …
- Das Kind sucht Wörter, die dieselbe Rechtschreibbesonderheit enthalten, zu „führen“ z. B. die Wörter fühlen, Stühle, Bühne, rühren, kühl …
- Das Kind versucht, ob es ein zusammengesetztes Wort bilden kann, das möglichst viele Morpheme aus seinen Übungswörtern enthält. Es können auch Wortneuschöpfungen entstehen. In dem Wort „Rosshaarmähnenvorführer“ sind z. B. Morpheme aus den Übungswörtern Rosshaar, Mähne und führen enthalten.

Literaturverzeichnis

Andresen, Helga: Die Bedeutung auditiver Wahrnehmungen und latenter Artikulation für das Anfangsstadium des Schrifterwerbs – Ein linguistischer Beitrag zur Diskussion über die Beziehungen zwischen lautsprachlicher und schriftsprachlicher Tätigkeit. In: OBST 13, 1979, S. 28–56.

Andresen, Helga: Was Menschen hören können, was sie lernen können, zu „hören" und was sie glauben, zu hören. In: OBST, Beiheft 7/1983, S. 210–236.

Andresen, Helga: Psycholinguistische Aspekte des Rechtschreiblernens und didaktische Vorschläge. In: Naegele, Ingrid/Valtin, Renate 1984, S. 23–27.

Andresen, Helga/Giese, Heinz W. (Hrsg.): Osnabrücker Beiträge zur Sprachtheorie, Beiheft 7, Nov. 1983.

Augst, Gerhard: Rechtschreibgrundwortschatz – ja oder nein? Überlegungen aus der Sicht der Linguistik. In: Deutsche Sprache 11/1983, H. 4, S. 341–356.

Augst, Gerhard (Hrsg.): Graphematik und Orthographie. Neuere Forschungen der Linguistik, Psychologie und Didaktik in der Bundesrepublik Deutschland. Frankfurt a. M., 1985.

Balhorn, Heiko: Rechtschreiblernen als Regelbildung. In: Diskussion Deutsch, H. 74/1983, S. 581–595.

Balhorn, Heiko: Fehleranalysen – Ein versuch, ausschnitte des regelbildungsprozesses, in dem lerner sich das ortografische system re-konstruieren, zu rekonstruieren. In: G. Augst (Hrsg.) 1985, S. 206–243.

Bergk, Marion/Meiers, Kurt (Hrsg.): Schulanfang ohne Fibeltrott, Bad Heilbrunn 1984.

Betz, Dieter/Breuninger, Helga: Teufelskreis Lernstörungen. München u. a. 1982.

Bierwisch, Manfred: Schriftstruktur und Phonologie. In: Probleme und Ergebnisse der Psychologie, Heft 43, 1972, S. 21–44.

Breuninger, Helga/Betz, Dieter u. a.: Jedes Kind kann schreiben lernen. Weinheim & Basel 1982.

Brügelmann, Hans: Die Schrift entdecken. Beobachtungshilfen und methodische Ideen für einen offenen Anfangsunterricht im Schreiben und Lesen. Konstanz 1984.

Brügelmann, Hans (Hrsg.): ABC und Schriftsprache: Rätsel für Kinder, Lehrer und Forscher. Konstanz 1986.

Buschmann, Heide: Vortrag auf dem Legastheniekongreß Hannover 1986, unveröffentlicht.

Dehn, Mechthild: Wie Kinder Schriftsprache erlernen. Ergebnisse aus einer Längsschnittuntersuchung. In: Naegele, Ingrid/Valtin, Renate 1984, S. 28–36.

Dehn, Mechthild: Über die Aneignung des phonematischen Prinzips der Orthographie beim Schrifterwerb. Manuskript, vorgestellt bei der Tagung Graphematik und Orthographie 1985.

Dodd, Barbara: The Spelling Ability of Profoundly Pre-lingually Deaf Children. In: Frith, Uta 1980, S. 423–439.

Duden: Die deutsche Rechtschreibung, 21 Aufl., Mannheim u.a. 1996

Ehri, Linnea C.: The Development of orthographic Images. In: Frith 1980, S. 311–338.

Eichler, Wolfgang/Hofer, Adolf (Hrsg.): Spracherwerb und linguistische Theorien, München 1974.

Eichler, Wolfgang: Zur linguistischen Fehleranalyse von Spontanschreibungen bei Vor- und Grundschulkindern. In: Hofer 1976, S. 246–264.

Eichler, Wolfgang: Zu linguistischen und psycholinguistischen Grundlagen des Rechtschreibens und des Schrifterwerbs. In: Naegele, Ingrid/Valtin, Renate 1984, S. 18–22.

Eichler, Wolfgang: Rechtschreiblernen in und mit Regeln und als regelgeleitetes Verhalten. Unveröff. Manuskript, vorgelegt auf der Tagung Graphematik und Orthographie, Siegen 1985.

Eisenberg, Peter: Orthographie und Schriftsystem. In: Günther, Klaus B./Günther, Hartmut (Hrsg.) 1983, S. 41–68.

Eisenhut, Hans-Dieter: Leistungsvermögen und Leistungsdefizite lese-rechtschreibschwacher Schüler. Weinheim, Basel 1981.

Ellis, Andrew W.: Reading, writing and dyslexia: A cognitive analysis. London 1984.

Frith, Uta: Unexpected Spelling Problems. In: Frith, Uta 1980, S. 495–515.

Frith, Uta (Hrsg.): Cognitive Processes in Spelling. London u. a. 1980.

Frith, Uta: Experimental Approaches to Developmental Dyslexia: An Introduction. In: Psychol. Research (1981) 43, S. 97–109.
Frith, Uta 1983: Orthographie als Gegenstand psychologischer Forschung. In: Günther, Klaus B./Günther, Hartmut (Hrsg.), S. 119–131.
Frith, Uta, Beneath the Surface of Developmental Dyslexia. Paper, vorgelegt auf einem Expertenkolloquium Okt. 1984.
Galperin, J. P.: Die geistige Handlung als Grundlage für die Bildung von Gedanken und Vorstellungen. In: Galperin, P. J./Leontjew, A. N. u. a. 1972, S. 33–49.
Galperin, P. J./Leontjew, A. N. u. a.: Probleme der Lerntheorie. Berlin 1972, 3. Aufl.
Goodman, K. S.: Die Psycholinguistische Natur des Leseprozesses. In: Hofer, A., 1976, S. 139–151.
Günther, Hartmut: Das Prinzip der Alphabetschrift begreifen lernen – einige Thesen zu einem fragwürdigen Konzept. In: Forschungsberichte des Instituts für Phonetik und sprachliche Kommunikation München 1981 a, S. 53–68.
Günther, Hartmut: Den Esel gemeint, aber den Sack geschlagen. Zu E. Scheerers Kritik an den Thesen zur Alphabetschrift. In: Forschungsberichte des Instituts für Phonetik und sprachliche Kommunikation München 1981 b, S. 103–116.
Günther, Hartmut: Charakteristika von schriftlicher Sprache und Kommunikation. In: Günther, Klaus B./Günther, Hartmut 1983, S. 17–39.
Günther, Hartmut 1984: Thesenpapier zur Rolle der Graphem-Phonem-Korrespondenzen bei der Aussprache visuell dargebotener Wörter. Vorgelegt beim Expertenkolloquium über Orthographie, Siegen 1984.
Günther, Hartmut: Was the alphabet discovered or invented? On the alleged common process in speech and writing. Unveröffentlichtes Manuskript, vorgelegt auf der Tagung: Graphematik und Orthographie, Siegen 1985.
Günther, Klaus B.: Prädikationskonzept, syntagmatische Organisation und Erwerb der Schriftsprache. In: OBST 13/1979, S. 124–142.
Günther, Klaus B.: Innere Sprache und inneres Sprechen – Schreiben und Rechtschreiben. In: OBST, Beiheft 7/1983, S. 237–255.
Günther, Klaus B./Günther, Hartmut (Hrsg.): Schrift, Schreiben, Schriftlichkeit. Arbeiten zur Struktur, Funktion und Entwicklung schriftlicher Sprache. Tübingen 1983.
Günther, Klaus B.: Schriftspracherwerb als mehrphasiger, strategiedifferenzierter Entwicklungsprozeß und seine Bedeutung für die pädagogische Vermittlungsarbeit. Unveröffentlichtes Manuskript, vorgelegt bei der Tagung Graphematik und Orthographie 1985.
Heller, Klaus: Rechtschreibung 2000. Stuttgart 1995
Hofer, Adolf (Hrsg.): Lesenlernen. Theorie und Unterricht. Düsseldorf 1976.
Jung, U. O. H.: Linguistische Aspekte der Legasthenieforschung. In: Valtin, Renate/Jung, Udo/Scheerer-Neumann, Gerheid 1981, S. 1–87.
Kossow, Hans-Joachim: Zur Therapie der Lese-Rechtschreibschwäche. Berlin 1975, 3. Aufl.
Leontjew, Alexejew, N.: Das Lernen als Problem der Psychologie. In: Galperin, J. P./Leontjew, Alexejew, N. 1972, S. 11–32.
Leontjew, Alexejew, N.: Probleme der Entwicklung des Psychischen. Frankfurt a. M. 1973.
Müller, Rolf/Schipper, Klaus Peter: Zwischen Lese-Rechtschreibschwäche und Legasthenie: Eine Erklärung aus linguistischer Sicht, Frankfurt a. M. & Bern 1981.
Naumann, Carl Ludwig: Die Rolle der gesprochenen Sprache für das System der Rechtschreibung und für ihren Erwerb. Habilitationsschrift Aachen 1987.
Naegele, Ingrid/Valtin, Renate (Hrsg.): Rechtschreibunterricht in den Klassen 1–6, Frankfurt 1984.
OBST: Osnabrücker Beiträge zur Sprachtheorie, hrsg. von H. Andresen/H. W. Giese.
Oeveste, Hans zur: Der Zusammenhang zwischen der Übergangswahrscheinlichkeit von Phonem-Graphem-Entsprechungen und Rechtschreibfehlern. Köln 1976.
Pilz, Dieter: Die Morphemmethode – ein psycholinguistischer Ansatz in der Legasthenietherapie. In: Pilz, Dieter/Schubenz, Siegfried 1979, S. 256–270.
Pilz, Dieter/Schubenz, Siegfried (Hrsg.): Schulversagen und Kindertherapie. Die Überwindung sozialer Ausgrenzung. Köln 1979.
Plickat, Hans-Heinrich/Wieczerkowski, W. 1979: Lernerfolg und Trainingsformen im Rechtschreibunterricht. Bad Heilbrunn: Klinkhardt.
Püschel, Ulrich: Duden. Wie schreibt man jetzt? Ein Übungsbuch zur neuen deutschen Rechtschreibung. Mannheim u.a. 1996
Rathenow, Peter/Vöge, Jochen: Erkennen und Fördern von Schülern mit Lese-Rechtschreibschwierigkeiten. Braunschweig 1982.

Reuter-Liehr, Carola: Das Prinzip der kleinen Schritte. Unveröff. Manuskript 1985.
Scheerer-Neumann, Gerheid: Kognitionspsychologische Überlegungen zum Rechtschreiben nach Diktat. In: OBST, Beiheft 7/1983, S. 256–287.
Scheerer-Neumann, Gerheid: Freiheit und Systematik im Spracherfahrungsansatz. In: Bergk, Marion/Meiers, Kurt 1985, S. 179–188.
Schlee, Jörg: Legasthenieforschung am Ende? München 1976.
Schneider, Wolfgang: Bedingungsanalysen des Rechtschreibens. Bern, Stuttgart, Wien 1980.
Schubenz, Siegfried: Eine Morphemanalyse der deutschen Sprache und ihre lernpsychologische Bedeutung für die Vermittlung von Schriftsprachkompetenz. In: Pilz, Dieter/Schubenz, Siegfried 1979, S. 239–255.
Sennlaub, Gerhard: Vielkanal-Rechtschreiben. In: Spitta, Gudrun 1977, S. 143–161.
Sennlaub, Gerhard: Spaß beim Schreiben oder Aufsatzerziehung? Stuttgart u. a. 1980.
Siemens, Henning: Die Morphemmethode – ein Überblick. In: Bergk, Marion/Meiers, Kurt 1984, S. 166–178.
Simon, Wolfgang: Befund: Legasthenie. Neue Ergebnisse für die Praxis. Düsseldorf 1981.
Sirch, Karl: Der Unfug mit der Legasthenie. Stuttgart 1975.
Spitta, Gudrun: Legasthenie gibt es nicht ... Was nun? Kronberg 1977.
Steiner, Isolde: Interessegeleitetes Lernen. München 1983.
Tillmann, Hans G./Mansell, Phil: Phonetik, Lautsprachliche Zeichen, Sprachsignale und lautsprachlicher Komunikationsprozeß. Stuttgart 1980.
Valtin, Renate/Jung, Udo/Scheerer-Neumann, Gerheid (Hrsg.): Legasthenie in Wissenschaft und Unterricht, Darmstadt 1981.
Weigl, Egon: Zur Schriftsprache und ihrem Erwerb. In: Eichler, Wolfgang/Hofer, Adolf 1974, S. 94–173.
Weigl, Egon: Schriftsprache als besondere Form des Sprachverhaltens. In: Hofer 1976, S. 82–98.

Deutschunterricht

Christa Röber-Siekmeyer

Die Schriftsprache entdecken

Rechtschreiben im offenen Unterricht.
2. Auflage 1997.
253 Seiten. Broschiert.
ISBN 3-407-62369-0

Für den Deutschunterricht in der Grundschule galten bislang Grammatik und Orthografie als schwer zu ertragende »Schulkreuze« (Konrad Duden) – beide der Entfaltung »natürlicher« muttersprachlicher Ausdrucksfähigkeit eher hinderlich und allenfalls zu rechtfertigen als Vorbereitung auf den gymnasialen Fremdsprachenunterricht. Dieses Buch begründet und konkretisiert eine didaktische Wende: Grammatik und Rechtschreibung werden nicht mehr als den Kindern aufoktroyierte und im Grunde für sie unverständliche Regelsysteme aufgefasst, sondern als Erkundungsterrain für ein aktives, individuell dem jeweiligen Lernstand angepasstes Aneignen der deutschen Schriftsprache. Damit verlieren nicht nur die alten »Schulkreuze« ihre Schrecken, sondern ermöglichen auch so erst einen differenzierenden und motivierenden Deutschunterricht für alle Kinder.

BELTZ

Beltz Verlag · Postfach 100154 · 69441 Weinheim

B0188